Cómo
orar

EDITORIAL PENIEL
Boedo 25
Buenos Aires, C1206AAA
Argentina
Tel. 54-11 4981-6178 / 6034
e-mail: info@peniel.com
www.peniel.com

Diseño de portada e interior:
ARTE PENIEL • arte@peniel.com

Torrey, R. A.
Cómo orar. - 2a ed. - Buenos Aires : Peniel, 2011.
160 p. ; 11x17 cm.
Traducido por: Karin Handley
ISBN 10: 987-557-121-0
ISBN 13: 978-987-557-121-1
1. Vida Cristiana-Oración. I. Handley, Karin, trad. II. Título
CDD 248.32

Impreso en Colombia / Printed in Colombia

Cómo orar

SECRETOS DE LA ORACIÓN
PARA UN BUSCADOR SINCERO

R. A. Torrey

PENIEL

BUENOS AIRES - MIAMI - SAN JOSÉ - SANTIAGO

www.peniel.com

CONTENIDOS

La importancia de orar 7

La oración a Dios 35

Obediencia y oración 45

Orar en el nombre de Cristo y de
acuerdo a la voluntad de
Dios..............53

Orar en el Espíritu............65

Siempre orar sin desmayar.......71

Vivir en Cristo 77

La oración con acción
de gracias........85

Obstáculos para la oración 91

Cuándo orar...............107

La necesidad de orar antes y durante
el reavivamiento........117

El lugar de la oración antes y
durante los reavivamientos.....135

Capítulo 1

LA IMPORTANCIA DE ORAR

En el sexto capítulo de Efesios, en el versículo 18, leemos palabras que ponen una enorme importancia en la oración con una fuerza sorprendente y abrumadora: *"Orando en todo tiempo con toda oración y súplica en el Espíritu, y velando en ello con toda perseverancia y súplica por todos los santos"*.

Cuando nos detenemos a evaluar el peso del significado de estas palabras y notamos la conexión que tienen, el hijo inteligente de Dios sentirá el impulso de decir: "Debo orar, orar,

orar. Debo poner toda mi energía y todo mi corazón en la oración. Independientemente de lo que haga, además de orar, debo orar".

Notemos los TODOS: *"con TODA oración"*, *"con TODA perseverancia"*, *"por TODOS los santos"*. Observemos la acumulación de palabras fuertes: *"oración"*, *"súplica"*, *"perseverancia"*. Notemos una vez más la fuerte expresión: *"velando"*, más literalmente: "estando sin dormir". Pablo se dio cuenta de la pereza natural del hombre, y especialmente de su pereza natural respecto de la oración. ¡Rara vez oramos con persistencia! A menudo la iglesia y las personas llegan justo al borde de una gran bendición en la oración, y justo entonces la dejan ir, sienten sueño, la abandonan.

Desearía que estas palabras *"con toda perseverancia"* pudieran marcarse a fuego en nuestro corazón. Desearía que el versículo completo ardiera en nuestro corazón.

¿Pero por qué es tan necesaria la oración constante, persistente, incansable, vencedora?

1. Ante todo, PORQUE HAY UN DIABLO.

Él es astuto, es poderoso, nunca descansa, está siempre conspirando por la caída del hijo de Dios; y si el hijo de Dios se relaja en la oración, el demonio triunfará: lo engañará.

Este es el pensamiento del contexto. El versículo 12 dice: *"Porque no tenemos lucha contra sangre y carne, sino contra principados, contra potestades, contra los gobernadores de las tinieblas de este siglo, contra huestes espirituales de maldad en las regiones celestes"*.

Luego viene el versículo 13: *"Por tanto, tomad toda la armadura de Dios, para que podáis resistir en el día malo, y habiendo acabado todo, estar firmes"*.

A continuación sigue una descripción de las diferentes partes de la armadura cristiana, la cual debemos usar si vamos a luchar contra el demonio y sus poderosas artimañas.

Entonces Pablo hace culminar todo en el versículo 18; nos dice que a todo lo demás debemos agregar la oración constante, persistente, incansable, inagotable en el Espíritu Santo… o todo lo demás será para nada.

2. Una segunda razón de esta oración constante, persistente, incansable, abrumadora, es que la oración es el camino asignado por Dios para obtener cosas. Y el

gran secreto de toda carencia de experiencia, en nuestra vida y en nuestro trabajo, es la falta de oración.

Santiago nos hace notar esto muy enérgicamente en el segundo versículo de su epístola: *"No tenéis lo que deseáis, porque no pedís"*. Estas palabras contienen el secreto de la pobreza y la falta de poder del cristiano común: la falta de oración.

¿Por qué es que muchos cristianos preguntan: "Yo progreso muy poco en mi vida cristiana"?

"Falta de oración –responde Dios–, "no tienes porque no pides."

¿Por qué es que muchos ministros dicen: "Veo muy pocos frutos de mis esfuerzos"?

Nuevamente Dios contesta: "Falta de oración. No tienes porque no pides".

¿Por qué es que muchos maestros de escuela dominical ven tan pocos conversos en su clase?

Nuevamente Dios contesta: "Falta de oración. No tienes porque no pides".

"¿Por qué es que la iglesia de Cristo hace tan poco progreso contra el descreimiento, el error, el pecado y lo mundano?", se preguntan ministros e iglesias.

Una vez más oímos la repuesta de Dios: "Falta de oración. No tienes porque no pides".

3. La tercera razón de esta oración constante, persistente, incansable, abrumadora es que aquellos hombres a quienes Dios les presentó un modelo de lo que Él esperaba como cristianos –los apóstoles– consideraban a la oración como el aspecto más importante de sus vidas.

Cuando las responsabilidades múltiples de la primera Iglesia los desbordaban, ellos convocaron a la multitud de los discípulos, y dijeron: *"No es justo que nosotros dejemos la palabra de Dios, para servir a las mesas. Buscad, pues, hermanos, de entre vosotros a siete varones de buen testimonio, llenos del Espíritu Santo y de sabiduría, a quienes encarguemos de este trabajo,* <u>*y nosotros persistiremos en la oración*</u> *y en el ministerio de la palabra"* (Hechos 6:2-4, énfasis añadido). Es evidente por lo que Pablo escribió a las iglesias y a las personas acerca de orar por ellos, que mucho de su tiempo, fuerza y pensamiento lo dedicaba a orar (ver Romanos

1:9; Efesios 1:15-16; Colosenses 1:9; 1 Tesalonicenses 3:10; 2 Timoteo 1:3).

Todos los hombres poderosos de Dios fuera de la Biblia han sido hombres de oración. Han sido diferentes entre sí en muchas cosas, pero en esto han sido iguales.

4. Pero hay todavía una razón más seria para esta oración constante, persistente, incansable, vencedora, y es que la oración ocupa un lugar destacado y juega un papel muy importante en la vida terrenal de nuestro Señor.

Veamos, por ejemplo, a Marcos 1:35. Leemos: *"Levantándose muy de mañana, siendo aún muy oscuro, salió y se fue a un lugar desierto, y allí oraba"*. El día anterior había sido excitante y ocupado, pero Jesús acortó las horas de sueño y despertó temprano, se entregó a la oración; para Él la oración era más necesaria que el sueño.

Volvamos a Lucas 6:12, donde leemos: *"En aquellos días él fue al monte a orar, y pasó la noche orando a Dios"*. Nuestro Salvador consideró necesario orar una noche entera.

Las palabras "orar" y "oraba" son usadas por lo menos veinticinco veces en conexión con nuestro Señor en el breve registro de su vida en los cuatro Evangelios. Y su oración se menciona en lugares donde la palabra no se utiliza. Evidentemente, la oración tomaba mucho del tiempo y fuerza de Jesús. Quien no pasa la mayoría de su tiempo orando, no puede llamarse seguidor de Jesucristo.

5. Hay otra razón para esta oración constante, persistente, incansable, vencedora, que parece más convincente todavía: orar es la parte más importante del actual ministerio de nuestro Señor resucitado.

El ministerio de Cristo no terminó con su muerte. Su obra de restauración se completó entonces, pero cuando resucitó y ascendió a la diestra del Padre, nos encargó otro trabajo, para nosotros tan importante como su obra de restauración. No puede separarse de esta obra; descansa sobre ella como base, pero es necesario para nuestra salvación completa.

Por medio de esa gran obra Él lleva a cabo nuestra transformación a la plenitud, lo leemos en Hebreos 7:25: *"Por lo cual puede también salvar perpetuamente a los que por él se acercan a Dios, viviendo siempre para interceder por ellos"* (énfasis añadido). Este versículo nos dice que Jesús es capaz de salvarnos de absolutamente todo, y no simplemente "de todo", sino HASTA absolutamente todo, hasta la plenitud total, hasta la perfección absoluta, porque Él no murió simplemente, resucitó y ascendió, sino que está *"viviendo siempre"* por los siglos de los siglos. El versículo también no dice *"para interceder"* por nosotros, para orar. Orar es su principal ocupación en estos días. Es a través de sus oraciones que nos está salvando.

Encontramos el mismo pensamiento en el desafío triunfante y destacado de Pablo en Romanos 8:34: *"¿Quién es el que condenará? Cristo es el que murió; más aun, el que también resucitó, el que además está a la diestra de Dios, el que también intercede por nosotros"* (énfasis añadido).

Si entonces vamos a ser parte de la hermandad con Jesucristo en su presente obra, debemos pasar mucho tiempo en oración; debemos entregarnos a la oración más sincera, constante, persistente, sin descanso, superadora. No sé de nada que me haya impresionado más acerca de la importancia de orar en todas las épocas, siendo constante en la oración, como la idea de que es la principal ocupación en el presente de mi Señor resucitado.

Quiero tener una hermandad con Él, y para ese fin le he pedido al Padre que en todos los casos, sea lo que fuere que haga de mí, que sea un intercesor, un hombre que sepa cómo orar, que pase mucho tiempo orando.

Este ministerio de intercesión es un ministerio poderoso y lleno de gloria, y todos podemos participar en él. El hombre o la mujer que no pueden asistir a una reunión a causa de una enfermedad, puede de todas maneras estar presente; la madre ocupada; la mujer que lava la ropa para ganarse la vida puede participar, mezclando oraciones por los santos y por su pastor, por los no salvos y por los misioneros en el extranjero, todo esto mezclado con el agua y el jabón mientras lava la ropa... hará su trabajo igualmente bien y estará orando, participando; el hombre de negocios, tan ocupado siempre, puede participar en esto, orando mientras va de tarea en tarea. Pero, por supuesto, para mantener este espíritu de oración constante, debemos dedicarle tiempo, mucho tiempo, cuando nos aislamos en un lugar secreto a solas con Dios solo para orar.

6. La sexta razón para una oración constante, persistente, incansable, vencedora, es que la oración es el medio que Dios ha señalado para que recibamos misericordia y para obtener gracia para ayudar en tiempos de necesidad.

Hebreos 4:16 es uno de los versículos más simples y más dulce en la Biblia: *"Acerquémonos, pues, confiadamente al trono de la gracia, para alcanzar misericordia y hallar gracia para el oportuno socorro"*. Estas palabras ponen en evidencia que Dios ha señalado un camino por el cual debemos buscar y obtener gracia y misericordia. Es el camino de la oración: audaz, segura, con un acercamiento franco al trono de la gracia, el lugar más sagrado de la presencia de Dios, donde nuestro Sumo Sacerdote, que nos comprende, Jesucristo, nos representa (ver los versículos 14-15).

Misericordia es lo que necesitamos, gracia es lo que debemos tener, o toda nuestra vida y esfuerzo terminarán en un fracaso completo. Orar es la manera de alcanzarlas. Hay una gracia infinita a nuestra disposición, y la hacemos nuestra de manera vívida al orar. Si tan solo nos diéramos cuenta de la riqueza de la gracia de Dios, que es nuestra desde el pedido, su altura, profundidad, duración y aliento, estoy seguro de que pasaríamos más tiempo orando. La medida de nuestra apropiación de gracia se determina por la medida de nuestras oraciones

¿Quién no siente que necesita más gracia? Entonces hay que pedir por ella. Ser constantes y persistentes en el pedido. Implorar y ser incasables en el pedido. Dios se regocija al tenernos como mendigos "confiados" en esta dirección; porque muestra nuestra fe en Él y la fe es lo que le agrada de manera poderosa.

Es por nuestra confianza que Él se levantará, y nos dará tanto como necesitemos (ver Lucas 11:8). ¡Qué caudal pequeño de misericordia y gracia conocemos casi todos, cuando en realidad deberíamos conocer los ríos que rebalsan en sus orillas!

7. La siguiente razón para esta oración constante, persistente, incansable, vencedora, es que la oración en el nombre de Jesucristo es el camino que Él ha señalado a sus discípulos para obtener plenitud de gozo.

Lo dice simple y bellamente en Juan 16:24: *"Hasta ahora nada habéis pedido en mi nombre; pedid, y recibiréis, para que vuestro gozo sea cumplido".* "Alegría completa" dice la Nueva Versión Internacional (NVI). ¿Quién hay que no desee que su alegría sea completa? Bien, la manera de lograrlo es orando en el nombre de Jesús. Todos conocemos gente que ha logrado plenitud de gozo, realmente, esto es evidente, brilla en sus ojos, rebosa de sus mismos labios y fluye de la punta de sus dedos cuando nos dan la mano. Estar en contacto con ellos es como tomar contacto con una máquina eléctrica cargada con amabilidad. Ese tipo de gente es la que pasa mucho tiempo orando.

¿Por qué es que la oración en el nombre de Cristo trae tal plenitud de gozo? En parte, porque obtenemos lo que pedimos. Pero esa no es la única razón ni la más grande. Es porque convierte a Dios en realidad. Cuando le pedimos a Dios algo determinado y Él nos lo da ¡qué real llega a ser para nosotros! ¡Él está justo allí!

Es una bendición tener un Dios que es real, y no simplemente una idea. Recuerdo que una vez me enfermé de repente, y me sentía muy mal, estaba solo en mi estudio. Caí de rodillas y grité pidiendo ayuda a Dios.

Instantáneamente todo el dolor se fue. Estaba perfectamente bien. El gozo de la sanación no fue tan grande como el gozo del encuentro con Dios.

No hay alegría más grande sobre la Tierra o en el cielo, que la comunión con Dios, y la oración en el nombre de Jesús nos lleva a esa misma comunión con Él. El salmista no estaba seguramente hablando de bendición futura, sino de bendición presente cuando dijo: *"En tu presencia hay plenitud de gozo"* (Salmo 16:11).

¡Oh! ¡La alegría impronunciable de aquellos momentos cuando en nuestras plegarias realmente estamos ante la presencia de Dios!

¿Dice alguien "Nunca he conocido tal gozo como al orar"?

¿Usted se toma el tiempo suficiente como para orar y realmente entrar en la presencia de Dios? ¿Realmente se entrega a la oración en el tiempo en que lo hace?

8. La octava razón para esta oración constante, persistente, incansable, vencedora, es que orar, en toda preocupación y ansiedad y necesidad de la vida, con acción

de gracias, es el medio que Dios ha establecido para obtener libertad de la ansiedad, y la
paz de Dios que sobrepasa todo entendimiento.

Pablo dice: *"Por nada estéis afanosos, sino
sean conocidas vuestras peticiones delante de Dios
en toda oración y ruego, con acción de gracias. Y
la paz de Dios, que sobrepasa todo entendimiento, guardará vuestros corazones y vuestros pensamientos en Cristo Jesús"* (Filipenses 4:6-7,
énfasis añadido). Para muchos esto parece a
primera vista el cuadro de un vida que parece
hermosa, pero más allá del alcance de los mor-
tales comunes; no es así para nada.

El versículo nos dice cómo es que esa
vida está al alcance de cada criatura de Dios:
"Por nada estéis afanosos", o como se lee en la
Biblia NVI, *"No se inquieten por nada"*. El resto
del versículo dice cómo, y es muy simple:
*"Sino sean conocidas vuestras peticiones delante
de Dios en toda oración y ruego, con acción de
gracias"*.

¿Qué podría ser más sencillo o más simple
que eso? Solo mantenga contacto constante
con Dios, y cuando surja algún problema o
maltrato, grande o pequeño, hable con Él acerca de esto, sin olvidar nunca de dar gracias por

lo que Él ya ha hecho. ¿Cuál será el resultado? *"Y la paz de Dios, que sobrepasa todo entendimiento, guardará vuestros corazones y vuestros pensamientos en Cristo Jesús".*

Eso es glorioso. Tan simple como glorioso. Gracias a Dios muchos lo están probando. ¿No conoce a alguien que está siempre sereno? Tal vez es un hombre muy tempestuoso por su carácter natural, pero los problemas, conflictos, contratiempos y desamparos pueden pasar rápidamente alrededor de él, y la paz de Dios que sobrepasa todo entendimiento guarda su corazón y sus pensamientos en Cristo Jesús. Todos conocemos personas así. ¿Cómo lo logran? Solo orando, eso es todo. Estas personas que conocen la paz profunda de Dios, la paz inescrutable que sobrepasa todo entendimiento, son siempre hombres y mujeres de mucha oración.

Algunos permitimos que el apuro de nuestras vidas deje a la oración de lado, y ¡qué pérdida de tiempo, energía y fuerza de ánimo hay por la preocupación constante! Una noche de oración nos salvará de muchas noches de insomnio. El tiempo empleado en la oración no es desperdiciado, sino tiempo invertido a un alto interés.

9. La novena razón para esta oración constante, persistente, incansable, vencedora, es que la oración es el método que el mismo Dios ha señalado para que obtengamos el Espíritu Santo.

Con respecto a esto la Biblia es muy clara. Jesús dice: *"Pues si vosotros, siendo malos, sabéis dar buenas dádivas a vuestros hijos, ¿cuánto más vuestro Padre celestial dará el Espíritu Santo a los que se lo pidan?"* (Lucas 11:13). Hoy hay hombres que nos dicen, y son gente buena: "No debes orar por el Espíritu Santo". Pero ¿qué harán con esta clara afirmación de Jesucristo?: *"Dará el Espíritu Santo <u>a los que se lo pidan</u>"*? (énfasis añadido).

Hace algunos años, durante el anuncio de un bautismo con el Espíritu Santo, un hermano se me acercó y me dijo con sentimiento:

– Asegúrate, y diles que no oren por el Espíritu.

– Claro que no les diré eso, porque Jesús dijo *"¿Cuánto más vuestro Padre celestial dará el Espíritu Santo a los que se lo pidan?"*

– Oh, sí –contestó– pero eso fue antes de Pentecostés.

– ¿Y qué hay de Hechos 4:31? ¿Fue antes de Pentecostés, o después?

– Después, por supuesto.

– Léelo.

– *"Cuando hubieron orado, el lugar en que estaban congregados tembló; y todos fueron llenos del Espíritu Santo, y hablaban con denuedo la palabra de Dios"*.

– ¿Y qué de Hechos 8:15? ¿Fue antes o después de Pentecostés?

– Después.

– Por favor, lee.

– *"Los cuales, habiendo venido, oraron por ellos para que recibiesen el Espíritu Santo"*.

No respondió. ¿Qué podría contestar? Es simple como el día en La Palabra de Dios, que antes y después de Pentecostés, el primer bautismo y las venidas siguientes del Espíritu Santo, fueron en respuesta a oraciones definidas. La experiencia también enseña esto.

Sin duda, muchos han recibido el Espíritu Santo en su entrega a Dios antes de que hubiera tiempo de orar, pero ¡cuántos hay que saben que su primer bautismo definitivo con el Espíritu Santo vino mientras estaban arrodillados o con sus rostros vueltos a Dios, solos o en compañía de otros, y que han recibido al Espíritu Santo en el lugar de la oración!

Yo sé esto tan definidamente como sé que mi sed fue saciada mientras bebía agua.

Una mañana temprano en el cuarto de oración de la iglesia de la Avenida Chicago, donde varios cientos de personas se habían reunido para orar unas horas, el Espíritu Santo se sintió de manera muy manifiesta, y el lugar completo se llenó de su presencia, que nadie podía hablar ni orar, y los sollozos de gozo llenaron el lugar.

De esa habitación salieron hombres hacia diferentes partes del país, en trenes que partieron esa misma mañana, y pronto volvieron informes de la presencia del Espíritu Santo de Dios en respuesta a la oración. Otros salieron a recorrer la ciudad con la bendición de Dios sobre ellos. Esta es una de las instancias entre muchas que puedo citar de mi experiencia personal.

Si tan solo pasáramos más tiempo orando, habría más plenitud del poder del Espíritu en nuestro trabajo. Muchas veces gente que una vez trabajó inequívocamente en el poder del Espíritu Santo, ahora llena el aire con gritos vacíos, y lo golpean con sus gestos sin sentido, porque han dejado de lado a la oración. Debemos pasar mucho tiempo de rodillas ante Dios, si vamos a continuar en el poder del Espíritu Santo.

10. La décima razón para una oración constante, persistente, incansable, vencedora, es que la oración es el camino que Cristo ha señalado, en el que nuestros corazones no se cargarán de glotonería o ebriedad y las preocupaciones de esta vida, de manera que el día del regreso de Cristo nos sobrevenga como trampa.

Uno de los pasajes mas interesantes y solemnes sobre la oración en la Biblia, está a continuación: *"Mirad también por vosotros mismos, que vuestros corazones no se carguen de glotonería y embriaguez y de los afanes de esta vida, y venga de repente sobre vosotros aquel día. Porque como un lazo vendrá sobre todos los que habitan sobre la faz de toda la tierra. Velad, pues, en todo tiempo orando que seáis tenidos por dignos de escapar de todas estas cosas que vendrán, y de estar en pie delante del Hijo del Hombre"* (Lucas 21:34-36).

De acuerdo a este pasaje, hay una sola manera por la cual podemos estar preparados para la llegada del Señor cuando Él se presente, esto es, a través de la oración.

La segunda venida de Jesucristo es un tema que está despertando mucho interés y mucha discusión en nuestros días, pero una cosa es estar interesado en el regreso del Señor, y hablar de esto, y otra cosa es estar preparado para dicho regreso. Vivimos en una atmósfera que tiene una constante tendencia a inhabilitarnos para la llegada de Cristo.

El mundo tiende a distraernos con sus recompensas y por sus preocupaciones. Hay solo una manera en que podemos salir triunfantes de estas cosas: por el constante vigilar en la oración, es decir, por orar incansablemente

"Vigilar" en este pasaje es la misma palabra fuerte usada en Efesios 6:18, y "siempre" la misma frase fuerte "en todos los tiempos". El hombre que pasa poco tiempo orando, quien no es constante al orar, no estará listo para el Señor cuando Él venga. Pero podemos estar listos. ¿Cómo? ¡Orando! ¡Orando! ¡Orando!

11. Hay una razón más para una oración constante, persistente, incansable, vencedora, y es una razón poderosa: por lo que la oración logra. Se ha dicho mucho sobre esto ya, pero hay también mucho que agregar.

(1) La oración promueve nuestro crecimiento espiritual como casi nada más, en verdad como ninguna otra cosa excepto el estudio de La Biblia; y la verdadera oración y el verdadero estudio de La Biblia van de la mano.

Es a través de la oración que mi pecado es traído a la luz, mi pecado más escondido. Al arrodillarme frente a Dios y orar: *"Examíname, oh Dios, y conoce mi corazón; pruébame y conoce mis pensamientos; y ve si hay en mí camino de perversidad, y guíame en el camino eterno"* (Salmo 139:23-24), Dios proyecta los rayos de su luz en los huecos más recónditos de mi corazón, y los pecados más inesperados son traídos a la luz. En respuesta a la oración, Dios lava mi iniquidad, limpia mis pecados (ver Salmo 51:2). En respuesta a la oración mis ojos se abren para contemplar las cosas que provienen de Las Palabras de Dios (ver Salmo 119:18).

En respuesta a la oración obtengo sabiduría para conocer el camino de Dios (ver Santiago 1:5) y la fuerza para caminar en él. Cuando encuentro a Dios en la oración y contemplo su rostro, soy transformado de gloria en gloria a su imagen (ver 2 Corintios 3:18). Cada día de oración verdadera me encuentra más parecido a mi glorioso Señor.

John Welch, yerno de John Knox, fue uno de los hombres de oración más creyentes que este mundo haya visto. Consideraba malgastado aquel día en el cual no se emplearan siete u ocho horas en oración a solas con Dios y en el estudio de su Palabra. Un hombre mayor dijo de él después de su muerte, que "Era una especie de Cristo".

¿Cómo es que era tan parecido a su Maestro? Su vida de oración explica el misterio.

(2) La oración trae poder a nuestro trabajo. Si deseamos poder para cualquier trabajo al que Dios nos llame, sea predicando, enseñando, en trabajo personal o en la crianza de

nuestros hijos, todo podemos obtenerlo por la oración sincera.

Una mujer con un niño pequeño que era totalmente incorregible, una vez vino a mi desesperada, y me dijo:

– ¿Qué haré con él?

Le pregunté:

– ¿Ha probado la oración?

Dijo que había orado por él. Pregunté si había hecho de la conversión y carácter de su hijo cuestión de oración definida y expectante. Dijo no haber sido precisa en esto. Pero comenzó a hacerlo, e inmediatamente hubo un cambio en el chico, y este creció hasta ser un cristiano maduro.

¡Cuántos maestros de escuela dominical enseñaron durante meses y años sin ver frutos en su labor, y luego han aprendido el secreto de la intercesión, por una suplica honesta a Dios, y han visto a sus alumnos venir uno a uno hacia Dios! ¡De qué manera un pobre predicador ha llegado a ser un poderoso hombre de Dios al despojarse de su confianza en sus propias habilidades y dones, y entregarse a sí mismo a Dios por el poder que viene desde lo alto!

John Livingstone pasó una noche con gente que pensaba como él, en la oración y conversación religiosa, y cuando predicó al día siguiente en el Kirk of Shorts, quinientas personas se convirtieron o registraron alguna diferencia definitiva en sus vidas en esa ocasión. La oración y el poder son inseparables.

(3) La oración ayuda a la conversión de otros.

Hay pocos conversos en este mundo cuya conversión no haya tenido conexión con la oración de alguien. Originalmente creía que ningún ser humano tenía nada que ver con mi conversión, porque no me convertí en creyente en la escuela dominical ni en conversaciones personales con nadie. Desperté en el medio de la noche y me convertí.

Hasta donde puedo recordar, no tengo el más mínimo recuerdo de haber pensado en ser creyente, o algo por el estilo. Cuando fui a la cama me dormí, pero me desperté en medio de la noche y diría que en unos cinco minutos me convertí. Unos pocos minutos antes estaba muy cerca de la perdición eterna. Tenía un pie en el borde y trataba de pasar el otro pie.

Dije que pensé que ningún ser humano tenía que ver con esto. Pero había olvidado las oraciones de mi madre, y luego me enteré que uno de mis compañeros de clase me había elegido para orar hasta que yo fuera salvo.

La oración auxilia allí donde todo lo demás falla. ¡Cuánto fallaron todos los esfuerzos y ruegos de Mónica con su hijo! Pero las oraciones prevalecieron con Dios, y el joven distraído se convirtió en san Agustín, el gran hombre de Dios. Por la oración los enemigos más amargos del Evangelio se han convertido en sus más valientes defensores; los más truhanes en los hijos de Dios más sinceros, y las mujeres más viles en las santas más puras. ¡Oh! el poder de la oración para penetrar allí abajo, abajo, abajo, donde la esperanza parece en vano, y elevar a hombres y mujeres en alto, alto, alto, dentro de la hermandad con y a imagen de Dios. ¡Es simplemente hermoso! ¡Cuán poco apreciamos esta arma maravillosa!

(4) La oración trae bendiciones a la Iglesia.

La historia de la Iglesia ha siempre sido una historia de dificultades serias por superar. El demonio odia a la Iglesia y busca por todos los medios detener su progreso; por doctrina falsa ahora, por división como consecuencia, por corrupción de la vida interna. Pero a través de la oración puede abrirse un camino puro a través de todo. La oración desarraigará la herejía, aliviará el desentendimiento, alejará los celos y rencores, arrasará con las inmoralidades y traerá la marea completa de la gracia resucitada de Dios. La historia prueba esto de manera abundante.

En la hora del presagio más oscuro, cuando la situación de la iglesia, local o universal, parecía estar más allá de la esperanza, los hombres y mujeres creyentes se han reunido y clamado a Dios, y la respuesta ha venido.

Fue así en los días de Knox, fue así en los días de Wesley y Whitfield, fue en los días de Edwards y Brainerd, fue en los días de Finney, fue así en los días del gran reavivamiento en 1857 en este país y en 1859 en Irlanda, y será así nuevamente en sus días y los míos. Satán ha comandado sus fuerzas.

La Ciencia Cristiana, con su Cristo falso –una mujer– levanta su cabeza. Otros simulan métodos apostólicos, pero ocultando la deshonestidad y la hipocresía con estas falsas fachadas, hablan con gran seguridad. Los cristianos igualmente leales a las grandes verdades fundamentales del Evangelio, se miran con ira el uno al otro con una sospecha endiablada.

El mundo, la carne y el demonio celebran un gran carnaval. Es un día oscuro ahora, pero ahora es *"Tiempo es de actuar, oh Jehová, porque han invalidado tu ley"* (Salmo 119:126). Y Él está listo para actuar, ahora Él escucha la voz de la oración. ¿La escuchará? ¿La escuchará de ti? ¿La escuchará de la Iglesia como entidad? Yo creo que sí.

Capítulo 2

LA ORACIÓN
A DIOS

Hemos visto algo de la singular importancia y el poder irresistible de la oración, y ahora vamos directamente a la cuestión: cómo orar con poder.

1. En el capítulo 12 de los Hechos de los Apóstoles tenemos el registro de la oración que prevaleció con Dios, y que trajo grandes resultados. En el versículo 5 de este

capítulo, la manera y el método de esta oración se describe en pocas palabras: *"Pero la iglesia hacía sin cesar <u>oración a Dios</u> por él"* (énfasis añadido).

El primer punto a destacar en este versículo es la breve expresión *"a Dios"*. La oración que tiene poder es la oración que es ofrecida a Dios. Pero algunos dirán, "¿no es toda la oración hacia Dios?" No. Muchas de las llamadas oraciones, tanto públicas como privadas, no son hacia Dios. Para que una oración sea realmente a Dios, debe haber un acercamiento consciente a Dios cuando oramos; debemos tener una concepción vívida y definida de que Él esta inclinado con su oído escuchándonos mientras oramos.

En gran parte de nuestra oración hay realmente pocos pensamientos de Dios. Nuestra mente está distraída con las ideas de lo que necesitamos, y no en el Padre poderoso y afectuoso de quien estamos buscando.

Es común el caso en que no estamos ocupados con la necesidad, ni con a quién rezamos, sino que nuestra mente vaga aquí y allá por todo el mundo. No hay poder en ese tipo de oración. Pero cuando estamos realmente en presencia de Dios, en verdad lo encontramos cara a cara en el lugar de la oración; si verdaderamente buscamos las cosas que deseamos de Él, entonces hay poder.

Si, entonces, oramos acertadamente, la primera cosa que deberíamos hacer es ver que realmente tenemos una audiencia con Dios, y que verdaderamente estamos en su presencia.

Antes de ofrecer una palabra de petición, debemos tener definida y vívida conciencia que le estamos hablando a Dios, y debemos creer que Él nos escucha y que nos garantiza lo que pedimos. Esto solo es posible por el poder del Espíritu Santo, así que debemos mirar al Espíritu Santo para que ciertamente nos guíe a la presencia de Dios, y no deberíamos estar precipitados de palabras hasta que Él nos haya llevado allí.

Una noche, un cristiano muy activo pasaba frente a una reunión que yo lideraba, y entró. Antes de que nos arrodillásemos a orar, dije algo como lo anterior, les conté a todos los amigos de estar seguros que antes de orar, y mientras estuviéramos orando, que efectivamente supieran que estaban ante la presencia de Dios, que definitivamente tenían el pensamiento de

Dios en mente y se acercaran más a Él que a su petición.

Unos pocos días después encontré al mismo caballero, y dijo que este pensamiento simple era completamente nuevo para él, que había hecho de la oración una experiencia completamente renovada.

Si entonces orásemos correctamente, estas dos pequeñas palabras deben hundirse en nuestros corazones: *"a Dios"*.

2. El segundo secreto de orar efectivamente se encuentra en el mismo versículo: *"sin cesar"*, que es interpretado como "intensamente". Pero ni la interpretación da la fuerza completa del griego. La palabra significa literalmente "extenderse". Es una palabra gráfica y maravillosamente expresiva. Representa el alma cuando alcanza un deseo fervoroso e intenso. "Intensamente" tal vez sea traducida como cualquier otra palabra. Es la palabra usada por nuestro Señor en Lucas 22:44 dónde dice: *"Y estando en agonía, oraba más intensamente; y era su sudor como grandes gotas de sangre que caían hasta la tierra"*.

Leemos en Hebreos 5:7: *"Y Cristo, en los días de su carne, [ofreció] ruegos y súplicas con gran clamor y lágrimas"*. En Romanos 15:30 Pablo les suplica a los santos en Roma que: *"se unan conmigo en esta lucha"* (NVI), en la oración. La palabra traducida significa principalmente luchar como en los juegos atléticos o en una pelea. En otras palabras, la oración que prevalece con Dios es aquella en la que ponemos nuestra alma entera, cuando nos extendemos hacia Dios en un deseo intenso y profundo.

Hay mucho en nuestra oración moderna que no tiene poder, porque nuestro corazón no está allí. Recurrimos rápidamente a la presencia de Dios, pasamos por un sinnúmero de peticiones, entramos y salimos. Si alguien nos preguntase una hora después para qué oramos, a menudo no podríamos decirlo. Si ponemos tan poco corazón en nuestras plegarias, no podemos esperar que Dios ofrezca mucho de su corazón para contestarlas.

A menudo escuchamos en nuestros días del reposo de la fe, pero hay tal cosa tanto en la lucha de la fe como en el esfuerzo. Aquellos que nos hicieran creer que han llegado a alguna altura sublime de la fe y confianza porque nunca conocieron ninguna agonía del conflicto o de la oración, han seguramente llegado más allá de su Señor y más allá de las victorias más poderosas para Dios, ambos en esfuerzo y oración, más que las edades de la historia cristiana haya conocido.

Cuando aprendamos a llegar a Dios con una intensidad de deseo que conmueva el alma, entonces allí conoceremos el poder en la oración que la mayoría de nosotros no conocemos ahora. Pero ¿cómo llegamos a lograr esta seriedad en la oración?

No es intentando lograrlo con nuestro propio esfuerzo. El método verdadero está explicado en Romanos 8:26: *"Y de igual manera el Espíritu nos ayuda en nuestra debilidad; pues qué hemos de pedir como conviene, no lo sabemos, pero el Espíritu mismo intercede por nosotros con gemidos indecibles"*.

La sinceridad que desarrollamos en la energía de la carne es repulsiva. La forjada en nosotros por el poder del Espíritu Santo, agrada a Dios. Aquí nuevamente, si oramos bien, debemos buscar que el Espíritu de Dios nos enseñe a orar. Aquí es donde entra el ayuno. En Daniel 9:3 leemos qué hizo Daniel, con el rostro vuelto hacia Dios: *"Además de orar, ayuné y me vestí de luto y me senté sobre cenizas"*.

Hay quienes creen que el ayuno pertenece a la vieja dispensación, pero cuando vemos Hechos 14:23 y Hechos 13:2-3, encontramos que lo ponían en práctica los hombres sinceros de los tiempos apostólicos. Si hemos de orar con poder, hemos de orar con ayuno. Por supuesto, esto no significa que debemos hacer ayuno cada vez que oramos; pero hay tiempos de emergencia o de crisis especial en el trabajo o en la vida personal, cuando el hombre sincero se retirará incluso de la ratificación del apetito natural, que en otras circunstancias es adecuado para poder entregarse plenamente a la oración.

Hay un poder peculiar en este tipo de oración. Toda gran crisis en la vida y el trabajo ha de enfrentarse de este modo. No hay nada que agrade a Dios cuando le damos a las cosas una fachada legal y farisea, pero sí hay poder en esa sinceridad y determinación directa de obtener en oración las cosas que sentimos como necesidad imperiosa. Y esto nos lleva a olvidarlo todo, aún las cosas más necesarias y adecuadas, para poder volver el rostro a Dios y obtener de Él sus bendiciones.

3. Un tercer secreto de la oración correcta se encuentra en este mismo versículo de Hechos 12; el versículo 5 dice *"la iglesia"*. Hay poder en la oración en unión. Por supuesto que hay poder en la oración de una persona, pero hay poder inmensamente aumentado en la oración en comunidad.

Dios se deleita en la unidad de su pueblo, y busca poner énfasis en ello de muchas maneras, y pronuncia una bendición especial sobre la oración en comunión. Leemos en Mateo 18:19: *"Además les digo que si dos de ustedes en la tierra se ponen de acuerdo sobre cualquier cosa que pidan, les será concedida por mi Padre que está en el cielo"*.

Esta comunión, sin embargo, debe ser auténtica. El pasaje que acabamos de citar no dice que si dos están de acuerdo en pedir, sino en que si dos se ponen de acuerdo sobre cualquier cosa que pidan. Es posible que dos personas estén de acuerdo en pedir por la misma cosa sin que haya acuerdo real en cuanto a la cosa que piden. Uno podría pedirlo porque en verdad lo desea, en tanto el otro quizá lo haga solo por complacer a su amigo. Pero donde hay verdadero acuerdo, donde el Espíritu de Dios trae a dos creyentes a la perfecta armonía en cuanto a lo que pueden pedir a Dios, allí el Espíritu pone la misma carga en ambos corazones; en toda oración de este tipo hay poder absolutamente irresistible.

Capítulo 3

OBEDIENCIA
Y ORACIÓN

Uno de los versículos más significativos de la Biblia en cuanto a la oración es 1 Juan 3:22 que dice: *"Y recibimos todo lo que le pedimos porque obedecemos sus mandamientos y hacemos lo que le agrada"*. ¡Qué afirmación asombrosa! Juan lo dice en pocas palabras. Que todo lo que pidió, lo recibió.

1. ¿Cuántos de nosotros podemos decir: "Lo que pido, lo recibo"? Juan, sin embargo, explica por qué: *"Y recibimos todo lo que le pedimos porque obedecemos sus mandamientos y*

hacemos lo que le agrada". En otras palabras, quien espera que Dios haga lo que le pide, debe de su parte hacer lo que Dios le pida.

Si prestamos oídos a los mandamientos de Dios, Él prestará su oído a todas nuestras peticiones. Si, por el contrario, hacemos oídos sordos a sus preceptos, es probable que Él también haga oídos sordos ante nuestras oraciones. Aquí encontramos el secreto a muchas oraciones no respondidas. No escuchamos La Palabra de Dios, y por eso Él no escucha nuestras peticiones.

Estaba hablando una vez con una mujer que había profesado ser cristiana, pero que luego abandonó su fe. Le pregunté por qué ya no era cristiana, y respondió que ya no creía en La Biblia. Le pregunté entonces por qué no creía en La Biblia.

–Porque he intentado sus promesas y encontré que no son ciertas.

–¿Qué promesas?

–Las referentes a la oración–.

–¿Cuáles?–

–¿No dice la Biblia "Pedid y os será dado"?–

–Sí, algo así, parecido–.

—Bueno, yo pedí esperando recibir, y como no recibí, digo que la promesa falló—.

—¿Esa promesa era para usted?—

—Por supuesto, porque es para todos los cristianos ¿verdad?

—No. Dios define con claridad quiénes son los "vosotros" cuyas oraciones Él acuerda responder.

Entonces le mostré 1 Juan 3:22 y leí la descripción de aquellos cuyas oraciones tienen poder con Dios.

— Ahora, ¿estaba usted guardando los mandamientos y haciendo lo que es agradable a los ojos de Dios?

Confesó con franqueza que no era así, y pronto vio que la dificultad real no estaba en las promesas de Dios, sino en ella misma. Esta es la dificultad en muchas de las oraciones sin respuesta el día de hoy: quien ofrece la oración no es obediente.

Si nuestras oraciones no tienen poder, debemos ser sinceros estudiantes de La Palabra, para descubrir cuál es la voluntad de Dios respecto de nosotros y, habiéndola encontrado, cumplirla. Un acto de desobediencia sin confesar cerrará los oídos de Dios ante muchas peticiones.

2. Este versículo, sin embargo, va más allá de la mera obediencia a los mandamientos de Dios. Juan nos dice que debemos hacer lo que agrada a Dios, lo que es agradable a los ojos de Dios.

Hay muchas cosas que agradan a Dios y que Él no manda específicamente. El niño sincero no se contenta con hacer solamente las cosas que su padre le manda específicamente. Busca conocer la voluntad de su padre, y si piensa que hay algo que puede hacer para agradarle, lo hace con gusto aunque su padre nunca le haya dado una orden específica en cuanto a ello.

Lo mismo sucede con el sincero hijo de Dios: no busca hacer solamente las cosas que están mandadas, ni deja de hacer lo que está específicamente prohibido. Estudia, busca conocer la voluntad de su Padre en todas las cosas. Muchos cristianos hoy hacen cosas que no agradan a Dios, y dejan de hacer otras que sí le agradan. Cuando uno les habla de estas cosas, enseguida responden con una pregunta:

"¿Hay algún mandamiento en la Biblia que prohíba esto?" Y si uno no puede mostrarles algún versículo en el que la cosa en cuestión está explícitamente prohibida, sienten que no están obligados a abandonarla.

El hijo sincero de Dios, por el contrario, no exige ver un mandamiento específico. Si buscamos descubrir y hacer lo que agrada a Dios, Él también buscará hace lo que nos agrada. Nuevamente encontramos la explicación a muchas oraciones sin responder: no dedicamos la vida a conocer qué agrada a nuestro Padre, y por eso nuestras oraciones no son respondidas.

Tomemos como ilustración de preguntas que surgen continuamente, el tema de la ida al teatro, a bailar, el uso del tabaco, por ejemplo. Muchos de los que se regodean en estas cosas preguntarán triunfantemente si uno les advierte: "¿Dice la Biblia "No irás al teatro"?", "¿Dice la Biblia "No bailarás"? ¿Dice la Biblia, "No fumarás"? No es esa la cuestión. La cuestión es, en cambio: "¿Le agrada a nuestro Padre celestial ver a uno de sus hijos en el teatro, en el baile o fumando?"

Esta es una pregunta que cada uno ha de decidir por sí mismo en oración, buscando que el Espíritu Santo lo ilumine. "¿Dónde está el daño en estas cosas?" preguntarán muchos. No nos dedicaremos aquí a la pregunta en general, pero sin duda en muchos casos hay gran daño, porque roban el poder de nuestra oración.

3. El Salmo 145:18 echa luz en gran forma sobre la cuestión de cómo orar: *"Cercano está Jehová a todos los que le invocan, a todos los que le invocan de veras"*.

Esa frase *"de veras"* merece nuestra atención. Si tomamos las concordancias en la Biblia, encontraremos que esta expresión quiere decir "en realidad", "en sinceridad". La oración que Dios contesta es la oración que es de veras, real, la oración que pide algo que se desea con sinceridad.

Hay mucha oración no sincera. La gente pide cosas que no desea en realidad. Hay muchas mujeres que oran por la conversión de sus esposos, pero que no quieren en realidad que sus esposos se conviertan. Piensan que sí lo desean, pero si supieran lo que implica la conversión, la revolución en su manera de conducirse comercialmente, y en consecuencia la reducción de sus ingresos y el cambio en su estilo de vida, la oración sería –de ser sincera con Dios–: "Señor, no conviertas a mi esposo". No desean su conversión si implica un precio tan alto.

Hay muchas iglesias que oran por un reavivamiento, sin desearlo con sinceridad. Piensan que sí, porque en sus mentes el reavivamiento implica más miembros, más ingreso, mejor reputación entre las iglesias; pero si supieran lo que implica un verdadero reavivamiento, la búsqueda y análisis de los corazones de los que se profesan cristianos, la transformación radical de la vida personal, doméstica y social, y muchas otras cosas que sobrevendrían si el Espíritu de Dios se derramara en realidad y poder, si supieran todo esto el clamor de la iglesia sería: "Señor, guárdanos del reavivamiento".

Hay muchos ministros que oran por el bautismo con el Espíritu Santo, pero no lo desean en realidad. Piensan que sí, porque el bautismo con el Espíritu significa nuevo gozo, nuevo poder al predicar La Palabra, mejor reputación entre los hombres, más prominencia en la iglesia de Cristo. Pero si este ministro entendiera lo que implica en realidad el bautismo con el Espíritu Santo, cómo –por ejemplo– necesariamente implicaría un antagonismo con el mundo y con los cristianos no espirituales, el hecho de que su nombre se "descartara como un mal", la necesidad de dejar su cómodo estilo de vida para ir a trabajar entre los pobres y hasta en países del extranjero; si el ministro comprendiera todo esto su oración quizá fuera –si expresara el verdadero deseo de su corazón–: "Oh, Dios, evítame el bautismo con el Espíritu Santo".

Sin embargo, cuando sí llegamos al lugar en que de corazón deseamos la conversión de amigos a toda costa, deseamos que llegue el Espíritu Santo cueste lo que costare. Si realmente deseamos el bautismo del Espíritu Santo, no importa qué implique esto, donde deseamos todo "de veras", entonces llamaremos a Dios por ello "de veras", y Dios lo oirá.

Capítulo 4

ORAR EN EL NOMBRE DE CRISTO Y DE ACUERDO A LA VOLUNTAD DE DIOS

Fue maravilloso lo que Jesús dijo a sus discípulos respecto de la oración la noche antes de su crucifixión: *"Y todo lo que pidiereis al Padre en mi nombre, lo haré, para que el Padre sea glorificado en el Hijo. Si algo pidiereis en mi nombre, yo lo haré"*.

1. La oración en nombre de Cristo tiene poder ante Dios. Dios se complace en su Hijo Jesucristo. Siempre lo escucha y también

escucha siempre la oración que sinceramente se hace en su nombre. Hay una fragancia en el nombre de Cristo que hace aceptable ante Dios toda oración que lo contenga.

¿Qué es, entonces, orar en nombre de Cristo? Se han intentado muchas explicaciones que en verdad no explican para la mente común. No hay nada místico ni misterioso en esta expresión. Si uno leyera la Biblia entera para examinar los pasajes en que se usa la expresión "en mi nombre", o "en su nombre", o términos sinónimos, encontraremos que significa lo mismo que cuando lo usamos hoy. Si voy a un banco y entrego un cheque con mi firma, pido a ese banco en mi propio nombre. Si tengo dinero depositado en ese banco el cheque se hará efectivo; si no es así, no se pagará.

Sin embargo, si voy a un banco con un cheque firmado por otra persona, estoy pidiendo en su nombre, y no importa si tengo dinero en ese banco o en otro, si la persona cuyo nombre figura en el cheque tiene dinero allí, el cheque se hará efectivo de todos modos.

Si por ejemplo fuera yo al First National Bank of Chicago y presentara allí un cheque

que hubiera firmado por U\$S 50.=, el cajero me diría:

– Sr. Torry, no puedo canjearle ese cheque. No tiene usted dinero en este banco.

Pero si fuera al First National Bank con un cheque de U\$S 5.000 pagadero a mi nombre, firmado por alguno de los grandes depositantes en ese banco, no preguntarían si yo tengo dinero en ese banco, sino que honrarían el cheque al instante.

Así sucede cuando voy al banco del cielo, cuando voy ante Dios en oración. No tengo nada depositado allí, no tengo crédito en absoluto, y si voy en mi propio nombre no obtendré absolutamente nada. Pero Jesucristo tiene crédito ilimitado en el cielo y Él me ha dado el privilegio de poder ir al banco con su nombre en mis cheques, y cuando voy de esa manera mis oraciones serán honradas en toda su extensión.

Orar entonces en el nombre de Cristo es orar sobre el fundamento no de mi crédito sino del suyo; renunciar a la idea de que tengo qué reclamar ante Dios, y acercarme a Él sobre el fundamento de lo que Dios tiene. Orar en el nombre de Cristo no es solamente agregar la frase: "Te lo pido en el nombre de Jesús" a mi oración. Puedo poner esa frase en mi oración pero estar confiando en mi propio mérito todo el tiempo.

Cuando sinceramente me acerco a Dios no sobre la base de mi propio mérito, sino sobre el de Cristo, no sobre la base de mi bondad, sino sobre la de la sangre del perdón (ver Hebreos 10:18), entonces Dios me oirá. Gran parte de nuestra oración moderna es vana porque los hombres se acercan a Dios imaginando que tienen derecho propio mediante el cual Dios está obligado a responder a sus oraciones.

Hace años, cuando el Sr. Moody era joven en la obra cristiana, visitó un pueblo en Illinois. Un juez del pueblo era infiel. La esposa de este juez le pidió a Moody que viera a su esposo, pero Moody respondió:

– No puedo hablar con su esposo. Yo soy solo un joven cristiano sin cultura, y su esposo es un infiel literato.

La esposa, sin embargo, no se conformaría con una negativa, por lo que Moody visitó al juez. Los empleados de la oficina de recepción sonreían cuando vieron al joven vendedor de

Chicago entrando en la oficina del juez tan estudioso y culto.

La conversación fue corta. Moody dijo:

– Juez. No puedo hablar con usted. Es usted un infiel literato y yo no tengo cultura. Solo quiero decirle que si se convierte usted alguna vez, me gustaría que me lo hiciera saber.

El juez respondió:

– Sí, joven. Si alguna vez me convierto se lo haré saber. Claro que se lo haré saber.

La conversación terminó allí. Los empleados reían por lo bajo aún más divertidos cuando el joven cristiano tan dedicado salió de la oficina. Pero al año, el juez se convirtió. Moody volvió a visitar el pueblo y le preguntó al juez cómo había sucedido esto. El juez dijo:

– Una noche, mientras mi esposa estaba en una reunión de oración, comencé a sentirme muy apenado, muy inquieto. No sabía qué era lo que pasaba, y finalmente fui a dormir antes de que volviera mi esposa. No pude dormir en toda la noche. Me levanté temprano, le dije a mi esposa que no quería desayunar, y fui a la oficina. Les dije a mis empleados que podían tomarse el día libre, y me encerré en la oficina.

Cada vez me sentía peor, y por fin decidí arrodillarme y pedir a Dios que perdonara mis pecados, pero no decía "en nombre de Jesús", porque era unitario y no creía en el perdón de la sangre de Cristo. Seguí orando: "Dios, perdona mis pecados", pero no recibía respuesta. Por fin en desesperación dije: "Oh, Dios, en el nombre de Cristo perdona mis pecados", y entonces encontré la paz, inmediatamente.

El juez no tuvo acceso a Dios hasta que se acercó a Él en el nombre de Cristo. Y cuando lo hizo, fue escuchado y su oración tuvo respuesta inmediata.

2. 1 Juan 5:14-15 echa luz sobre el tema de "cómo orar": "*Y esta es la confianza que tenemos en él, que si pedimos alguna cosa <u>conforme a su voluntad</u>, él nos oye. Y si sabemos que él nos oye en cualquiera cosa que pidamos, sabemos que tenemos las peticiones que le hayamos hecho*" (énfasis añadido).

Este pasaje nos enseña con toda claridad que si hemos de orar bien debemos orar según la voluntad de Dios, y entonces más allá de toda conjetura, obtendremos de Él lo que pedimos.

¿Cómo conocer la voluntad de Dios? ¿Podemos saber si una oración específica es conforme a Su voluntad? Seguramente. ¿Cómo?

1) Ante todo, por La Palabra. Dios ha revelado su voluntad en su Palabra. Cuando algo está prometido en La Palabra de Dios, sabemos que es su voluntad dar tal cosa. Si cuando oro puedo encontrar promesa determinada en La Palabra de Dios respecto de lo que pido, y pongo esa promesa ante Dios, sé que Él me oye, y si sé que me oye, sé también que obtengo aquello que le he pedido.

Por ejemplo, cuando oro pidiendo sabiduría, sé que es voluntad de Dios darme sabiduría, porque lo dice en Santiago 1:5: *"Y si alguno de vosotros tiene falta de sabiduría, pídala a Dios, el cual da a todos abundantemente y sin reproche, y le será dada"*. Así que, cuando pido sabiduría sé que la oración es escuchada y que obtendré sabiduría.

De la misma manera si pido el Espíritu Santo, sé por Lucas 11:13 que es voluntad de Dios, y que mi oración es escuchada y que obtendré lo que Le pedí: *"Pues si vosotros,*

siendo malos, sabéis dar buenas dádivas a vues-
tros hijos, ¿cuánto más vuestro Padre celestial
dará el Espíritu Santo a los que se lo pidan?"

Hace unos años vino un ministro al cierre
de un discurso sobre la oración en la escuela
bíblica de YMCA (Asociación Cristiana de
Jóvenes), y me dijo:

– Ha dejado en estos jóvenes la impresión
de que pueden pedir cosas determinadas y
obtener lo que piden.

Respondí que no sabía si era esa la impresión que había dejado, o no, pero que sí tenía
la certeza de que deseaba dejar esa impresión
en ellos.

– Pero está equivocado –dijo–. No podemos saber con certeza, porque no conocemos
la voluntad de Dios.

Enseguida le leí Santiago 1:5 y le dije:

– ¿No es voluntad de Dios darnos sabiduría? Y si pedimos sabiduría, ¿no sabemos que
vamos a recibirla?

– ¡Ah! –dijo–. Es que no sabemos lo que
es la sabiduría.

– No –respondí– porque si lo supiéramos,
no la necesitaríamos. Pero sea lo que fuere la

sabiduría ¿no sabe usted que la obtendrá de Dios?

Por cierto, es un privilegio saber eso. Cuando tenemos una promesa específica en La Palabra de Dios, si dudamos de que sea voluntad de Dios, o si dudamos de que Dios hará lo que le pedimos, estamos haciendo de Él un mentiroso.

Aquí está uno de los más grandes secretos de la oración que prevalece: estudiar La Palabra para encontrar lo que es voluntad de Dios según se la revela en las promesas, y luego sencillamente tomar esas promesas y desplegarlas ante Dios en oración con inclaudicable, inconmovible expectativa de que Él hará lo que ha prometido en su Palabra.

2) Hay, sin embargo, otro modo en que podemos conocer la voluntad de Dios, y es mediante la enseñanza de su Espíritu Santo. Hay muchas cosas que necesitamos de Dios, que no están cubiertas por una promesa específica, pero no quedamos en ignorancia respecto de la voluntad de Dios tampoco en ese caso. Porque Romanos 8:26-27 nos dice: *"Y de igual manera el Espíritu nos ayuda*

en nuestra debilidad; pues qué hemos de pedir como conviene, no lo sabemos, pero el Espíritu mismo intercede por nosotros con gemidos indecibles. Mas el que escudriña los corazones sabe cuál es la intención del Espíritu, porque <u>conforme a la voluntad de Dios</u> intercede por los santos" (énfasis añadido).

Aquí se nos dice de manera muy clara que el Espíritu de Dios ora en nosotros, que toma nuestra oración en línea con la voluntad de Dios. Cuando somos guiados por el Espíritu Santo en la dirección que sea, a orar por algo determinado, podemos hacerlo en plena confianza de que es voluntad de Dios, y que obtendremos lo que le pedimos, aunque no haya promesa específica en cuanto al caso.

Muchas veces Dios por su Espíritu pone sobre nosotros la carga de orar por una persona determinada. No podemos descansar, y oramos por esta persona con gemidos indecibles. Quizá la persona esté muy lejos de nosotros, pero Dios oye la oración y en muchos casos no pasa mucho tiempo antes de que nos enteremos de que se ha convertido.

El pasaje de 1 Juan 5:14-15 es uno de los más abusados en la Biblia: *"<u>Y esta es la confianza</u> que tenemos en él, que si pedimos alguna cosa* *conforme a su voluntad, él nos oye. Y si sabemos que él nos oye en cualquiera cosa que pidamos, sabemos que tenemos las peticiones que le hayamos hecho"* (énfasis añadido). El Espíritu Santo sin duda lo puso en la Biblia para alentar nuestra fe. Comienza diciendo: *"Y esta es la confianza que tenemos en él"*, y cierra con *"sabemos que tenemos las peticiones que le hayamos hecho"*.

Sin embargo, uno de los usos más frecuentes de este pasaje, tan manifiestamente dado para dar confianza, es el de introducir un elemento de incertidumbre en cuanto a nuestras oraciones. A menudo cuando uno siente confianza en la oración, un hermano cauteloso vendrá y dirá:

–No te confíes demasiado. Si es voluntad de Dios así lo hará. Debieras decir: "Si es tu voluntad".

Sin duda, hay muchas ocasiones en que no conocemos la voluntad de Dios, y toda sumisión de oración a la excelente voluntad de Dios es lo que debemos practicar; pero cuando conocemos la voluntad de Dios no hay por qué agregar "Si es tu voluntad"; y este pasaje no está en la Biblia para que agreguemos la condición de "si…" en todas nuestras oraciones, sino para que podamos descartar toda incertidumbre y tener confianza y saber que tenemos lo que le hemos pedido.

Capítulo 5

ORAR EN
EL ESPÍRITU

Una y otra vez en lo que ya se ha dicho, vemos nuestra dependencia del Espíritu Santo en la oración. Esto se ve definidamente en Efesios 6:18: *"Orando en todo tiempo con toda oración y súplica en el Espíritu, y velando en ello con toda perseverancia y súplica por todos los santos"* (énfasis añadido). Y en Judas 20: *"Orando en el Espíritu Santo"* (énfasis añadido). Por cierto, el secreto pleno de la oración se encuentra en estas palabras: *"En el Espíritu"*. Es la oración que Dios el Espíritu Santo inspira la que Dios el Padre responde.

1. Los discípulos no sabían orar como debían, así que le pidieron a Jesús: *"Señor, enséñanos a orar"* (Lucas 11:1). No sabemos orar como debemos, pero tenemos otro Maestro y Guía a mano para que nos ayude (ver Juan 14:16-17). *"El Espíritu nos ayuda en nuestra debilidad"* (Romanos 8:26). Nos enseña a orar. La verdadera oración es oración en Espíritu; es decir, la oración que el Espíritu inspira y dirige.

Cuando venimos ante la presencia de Dios debemos reconocer "nuestra debilidad", nuestra ignorancia de qué es lo que debemos pedir, o de cómo orar por ello, y en la conciencia de nuestra total incapacidad para orar bien debemos buscar ayuda en el Espíritu Santo, entregarnos a Él por completo para que dirija nuestras oraciones, guíe nuestros deseos y nos lleve a expresarlos.

➤ Nada más tonto hay en la oración que correr sin pensar ante la presencia de Dios, y pedir lo primero que nos viene a la mente o lo que algún amigo, sin analizarlo, nos ha dicho que oremos. Cuando entramos en la presencia de Dios debemos guardar silencio ante Él. Debemos esperar que Él envíe a su Espíritu Santo para que nos enseñe a orar. Debemos esperar al Espíritu Santo, entregarnos al Espíritu, y entonces podremos orar bien.

A menudo, cuando venimos en oración a Dios, no sentimos deseos de orar. ¿Qué hacer en ese caso? ¿Dejar de orar hasta que sintamos deseos de hacerlo? Claro que no. Cuando menos sentimos que debemos orar es cuando más lo necesitamos. Debemos esperar en silencio ante Dios y decirle cuán frío y falto de oración está nuestro corazón, y buscarle y confiar en Él, esperando que envíe al Espíritu Santo para calentar nuestro corazón y hacer que vierta oración.

No pasará mucho tiempo antes de que la luz de la presencia del Espíritu llene nuestro corazón, y comencemos a orar con libertad, sinceridad, poder y sentido de la dirección. Muchas de las más bendecidas temporadas de oración en mi vida comenzaron con un rotundo sentimiento de esterilidad y falta de oración, pero en mi debilidad y frialdad me entregué a Dios y busqué que enviara su Espíritu Santo para que me enseñara a orar, y así lo hizo. Cuando oramos en el Espíritu, oraremos por las cosas correctas, y de la manera correcta. Habrá gozo y poder en nuestra oración.

2. Si hemos de orar con poder, debemos orar con fe. En Marcos 11:24 Jesús dice: *"Por tanto, os digo que todo lo que pidiereis orando, creed que lo recibiréis, y os vendrá"*. No importa hasta dónde sea positiva una promesa en La Palabra de Dios, no la disfrutaremos como una experiencia real, a menos que esperemos con confianza su cumplimiento en respuesta a nuestra oración.

"Y si alguno de vosotros tiene falta de sabiduría, pídala a Dios, el cual da a todos abundantemente y sin reproche, y le será dada", dice Santiago. Esa es una promesa tan positiva como pudiéramos desear que fuera una promesa. Pero el siguiente versículo agrega: *"Pero pida con fe, no dudando nada; porque el que duda es semejante a la onda del mar, que es arrastrada por el viento y echada de una parte a otra"*. Tiene que haber expectativa con confianza inconmovible. Hay una fe que va más allá de la expectativa, que cree que la oración es oída y que la promesa se cumplirá. Esto aparece en Marcos 11:24: *"Por tanto, os digo*

que todo lo que pidiereis orando, creed que lo recibiréis, y os vendrá".

Digámoslo con énfasis: no se puede pedir más que eso. Muchos leemos la promesa de la oración de fe y luego pedimos cosas que deseamos, intentando creer que Dios ha oído la oración. Esto solo puede llevar a la desilusión, porque no es fe sincera y verdadera, y la cosa no se obtendrá. Es en este punto en que muchos colapsan en la fe, al intentar crear fe mediante un esfuerzo de su voluntad, y cuando lo que creyeron esperar en fe no se obtiene, el cimiento de su fe se ve minado.

¿Cómo es que obtenemos fe de verdad? Romanos 10:17 responde a esta pregunta: *"Así que la fe es por el oír, y el oír, por la palabra de Dios"* (énfasis añadido). Si hemos de tener fe verdadera debemos estudiar La Palabra de Dios y encontrar qué promete, y luego simplemente creer en las promesas de Dios. La fe necesita de una garantía. Tratar de creer en algo que uno quiere creer, no es fe. Creer lo que Dios dice en su Palabra sí lo es.

Si he de tener fe al orar debo encontrar alguna promesa en La Palabra de Dios sobre la cual apoyar mi fe. La fe viene por el Espíritu. El Espíritu conoce la voluntad de Dios, y si oro en el Espíritu y busco que el Espíritu me enseñe la voluntad de Dios, Él me guiará en oración según esa voluntad, y me dará fe en que la oración será respondida. Pero en ningún caso llega la fe verdadera sencillamente decidiendo que obtendremos aquello que queremos obtener. Si no hay promesa en La Palabra de Dios, y no hay clara guía del Espíritu, no puede haber fe de verdad, y no debiera uno recriminarse la falta de fe en ese caso.

Pero si lo que deseamos se promete en La Palabra de Dios, sí debemos recriminarnos la falta de fe cuando dudamos, porque hacemos de Dios un mentiroso al dudar de su Palabra.

Capítulo 6

SIEMPRE ORAR SIN DESMAYAR

En dos parábolas del Evangelio de Lucas, Jesús enseña con gran énfasis la lección de que los hombres deben orar siempre, sin desmayar.

"Les dijo también: ¿Quién de vosotros que tenga un amigo, va a él a medianoche y le dice: Amigo, préstame tres panes, porque un amigo mío ha venido a mí de viaje, y no tengo qué ponerle delante; y aquél, respondiendo desde adentro, le dice: No me molestes; la puerta ya está cerrada, y

mis niños están conmigo en cama; no puedo levantarme, y dártelos? Os digo, que aunque no se levante a dárselos por ser su amigo, sin embargo por su importunidad se levantará y le dará todo lo que necesite" (Lucas 11:5-8).

"También les refirió Jesús una parábola sobre la necesidad de orar siempre, y no desmayar, diciendo: Había en una ciudad un juez, que ni temía a Dios, ni respetaba a hombre. Había también en aquella ciudad una viuda, la cual venía a él, diciendo: Hazme justicia de mi adversario. Y él no quiso por algún tiempo; pero después de esto dijo dentro de sí: Aunque ni temo a Dios, ni tengo respeto a hombre, sin embargo, porque esta viuda me es molesta, le haré justicia, no sea que viniendo de continuo, me agote la paciencia. Y dijo el Señor: Oíd lo que dijo el juez injusto. ¿Y acaso Dios no hará justicia a sus escogidos, que claman a él día y noche? ¿Se tardará en responderles? Os digo que pronto les hará justicia. Pero cuando venga el Hijo del Hombre, ¿hallará fe en la tierra?" (Lucas 18:1-8).

En las dos parábolas Jesús establece la necesidad de la importunidad de la oración, de un modo asombroso. La palabra traducida como importunidad significa literalmente "falta de vergüenza", como si Jesús nos hubiera hecho entender que Dios nos haya casi atraído a Él decidido a que obtengamos las cosas que buscamos, que no deben avergonzarnos por una aparente negación o demora por parte de Dios. Dios se regocija en la santa audacia que no se conformará con un "no" por respuesta. Es una expresión de grandiosa fe, y nada agrada más a Dios que la fe.

Jesús parece apartar a la mujer cananea casi con rudeza; sin embargo, ella no se conformará con esto. Jesús vio su importunidad desvergonzada con placer, y dijo: *Oh mujer, grande es tu fe; hágase contigo como quieres. Y su hija fue sanada desde aquella hora"* (Mateo 15:28). No siempre Dios nos permite obtener las cosas en el primer intento. Nos entrena y nos hace más fuertes al obligarnos a trabajar arduamente por lo mejor. De este modo, Él tampoco nos da lo que pedimos en respuesta a la primera plegaria; nos entrena y nos hace fuertes oradores al obligarnos a perseverar en nuestras oraciones. Él nos hace orar con persistencia.

Me agrada que así sea. No existe un entrenamiento de mayor bendición en la oración, que aquel que viene mediante la obligación de pedir una y otra vez, incluso durante un largo período de años, antes de obtener lo que uno busca de Dios. Muchos lo llaman sometimiento a la voluntad de Dios, cuando Dios no les garantiza sus ruegos en la primera o segunda petición, y dicen:

– Bueno, quizás no es la voluntad de Dios.

Por regla general, esto no es sometimiento, sino pereza espiritual. No se le llama sometimiento a la voluntad de Dios cuando abandonamos después de uno o dos intentos para obtener las cosas; se lo llama falta de fuerza o de carácter. Cuando el hombre fuerte de acción se dispone a cumplir una tarea, si no la cumple la primera vez, o la segunda, o la centésima vez, continúa insistiendo hasta que lo consigue; y el hombre fuerte de oración cuando ora por algo, continúa haciéndolo hasta que obtiene lo que busca.

Debemos tener cuidado con lo que le pedimos a Dios, pero cuando comenzamos a orar no debemos detenernos hasta obtener lo deseado, o hasta que Dios nos deje muy en claro que no es su voluntad concedérnoslo.

Algunos nos hacen creer que orar dos veces por la misma cosa manifiesta falta de fe, que debemos "aceptar lo que venga" en la primera oración. Sin duda, hay oportunidades en las que podemos, a través de la fe en La Palabra o la guía del Espíritu Santo reclamar la primera vez que le hemos pedido a Dios; pero más allá de todo, en otras ocasiones debemos orar una y otra vez antes de obtener una respuesta. Los que oran más de dos veces por la misma cosa han sobrepasado a su Maestro (ver Mateo 26:44).

George Müller oró por dos hombres todos los días por más de sesenta años. Uno de esos hombres se convirtió poco antes de la muerte de Müller, pienso que durante el último servicio que este dio; el otro se convirtió un año después de su muerte. Unas de las grandes necesidades de nuestros días son hombres y mujeres que no solo empiecen a orar por cosas, sino que continúen haciéndolo hasta obtener lo que buscan por parte del Señor.

Capítulo 7

VIVIR EN CRISTO

"**S**i permanecéis en mí, y mis palabras permanecen en vosotros, pedid todo lo que queréis, y os será hecho" (Juan 15:7). El secreto de la oración se encuentra en estas palabras de nuestro Señor. He aquí la oración con un poder sin límites: "*Pedid todo lo que queréis y os será hecho*".

Existe, entonces, una manera de pedir y conseguir precisamente lo que pedimos, y conseguir todo lo que pedimos. Cristo pone dos condiciones para esta oración que prevalece:

1. La primera condición es "vivir en mí"

¿Qué significa vivir en Cristo? Algunas de las explicaciones que se han dado sobre esto son tan místicas o profundas que para muchos de los más sencillos hijos de Dios no significan casi nada; sin embargo, lo que Jesús quiso decir fue realmente muy simple.

Él se había comparado a sí mismo con la vid, y a sus discípulos con las ramas de esta planta trepadora. Algunas ramas continúan en la vid, es decir, siguen viviendo en comunión con ella, por lo que la savia o la vida de la vid fluyen constantemente a través de ellas. No son independientes. Todo en ellas es simplemente el resultado de la vida de la vid que fluye en ellas. Los brotes, las hojas, las flores, los frutos, no son en realidad de ellas, sino que los brotes, hojas, flores y frutos son de la misma vid.

Otras ramas fueron arrancadas de la vid, o el flujo de savia o vida en ellas se vio impedido de algún modo. Ahora bien, para nosotros, vivir en Cristo significa tener la misma relación con Él que la primera clase de ramas tenía con la vid; es decir, vivir en Cristo supone renunciar a cualquier tipo de independencia, abandonar los intentos de pensar nuestros propios pensamientos, o tomar nuestras resoluciones, o cultivar nuestros sentimientos, y sencilla y constantemente mirar a Cristo para pensar sus pensamientos en nosotros, formar sus propósitos en nosotros, sentir sus emociones y afectos en nosotros.

Esto significa renunciar a todo tipo de vida independiente de Él, y mirar a Él en todo momento para que nos infunda su vida en las nuestras y el trabajo de su vida a través de nosotros. Al hacer esto, y siempre y cuando lo hagamos, nuestras oraciones obtendrán lo que buscamos de Dios.

Esto debe ser así necesariamente para que nuestros deseos no sean nuestros deseos, sino los de Cristo, y nuestras oraciones no sean nuestras oraciones, sino Cristo orando en nosotros. Tales oraciones siempre estarán en armonía con la voluntad de Dios, y el Padre siempre escucha al Hijo. Cuando nuestras plegarias fallan es porque son, justamente, nuestras plegarias. Hemos concebido el deseo y enmarcado la petición en nosotros mismos, en vez de pedirle a Cristo que ore a través de nosotros.

Decir que debemos vivir en Cristo en todas sus oraciones, observar a Cristo para orar a través de Él, más que por uno mismo, es decir simplemente de otra manera que debemos orar "en el Espíritu". Así, cuando vivimos en Cristo, nuestros pensamientos no son nuestros, sino suyos; nuestros gozos no son nuestros, sino suyos; nuestros frutos no son nuestros, sino suyos; tal como los brotes, hojas, flores y frutos de las ramas que vivían en la vid no eran los brotes, hojas, flores y frutos de las ramas, sino de la misma vid quien hacía fluir vida a través de las ramas y se manifestaba a sí misma en esos brotes, hojas, flores y frutos.

Para vivir en Cristo uno debe, por supuesto, estar en Cristo mediante recibir a Cristo como Salvador expiatorio de la culpa del pecado, el Salvador resucitado del poder del pecado, Señor y Maestro de nuestra vida entera. Para estar en Cristo, todo lo que tenemos que hacer para vivir –o continuar– en Cristo es simplemente renunciar a una vida completamente propia, renunciar a cada pensamiento, cada propósito, cada deseo, cada afecto propio, y solo mirar día tras día hacia Jesucristo para formar sus pensamientos, sus propósitos, sus afectos, sus deseos en nosotros. Vivir en Cristo es una cuestión realmente simple; sin embargo, es una vida maravillosa de privilegio y poder.

2. Pero en este versículo aparece otra condición, aunque se encuentra contenida en la primera: *"Mis palabras permanecen en vosotros"*.

Si vamos a obtener de Dios todo lo que le pidamos, Las Palabras de Cristo deben vivir o continuar en nosotros. Debemos estudiar sus Palabras, devorarlas, permitirles introducirse en nuestro entendimiento y en nuestro corazón, guardarlas en nuestra memoria, obedecerlas constantemente en nuestra vida, permitirles que moldeen y formen nuestra rutina y cada uno de nuestros actos.

Este es, en realidad, el método para vivir en Cristo. Es por medio de sus Palabras que Jesús se nos comunica a sí mismo. Las Palabras que Él dirige hacia nosotros son espíritu y son vida (ver Juan 6:33). Es en vano esperar que la oración sea potente, a menos que meditemos lo suficiente sobre La Palabra de Cristo, y le permitamos penetrar profundamente y encontrar una morada permanente en nuestros corazones.

Muchos se preguntan acerca de la falta de fuerza en sus oraciones, pero la explicación es muy simple y se encuentra en la inobservancia de Las Palabras de Cristo. No han guardado en sus corazones sus Palabras; sus palabras no habitan en ellos. No se trata de estadios de meditación mística o experiencias de éxtasis en los cuales aprendemos a vivir en Cristo; sino alimentándonos de su Palabra, su Palabra escrita tal como la encontramos en la Biblia, e implorando al Espíritu Santo que implante estas Palabras en nuestros corazones, y hacerlas el hálito de vida de nuestros corazones.

De manera que si permitimos que Las Palabras de Cristo vivan en nosotros, ellas nos impulsarán a la oración. Serán el molde en el cual nuestras oraciones tomarán forma, y estas oraciones estarán necesariamente en línea con la voluntad de Dios, y prevalecerán en Él. Es prácticamente imposible que haya una oración que prevalezca donde exista inobservancia en el estudio de La Palabra de Dios.

El mero estudio intelectual de La Palabra de Dios no es suficiente; sino que debe meditarse sobre ella. La Palabra de Dios debe dar vueltas en nuestra mente una y otra y otra vez, con un constante pedido a Dios para que, mediante su Espíritu, transforme La Palabra en el hálito de vida del corazón. Es la oración nacida de la meditación sobre La Palabra de Dios la que se eleva más fácilmente hacia el oído atento de Dios.

George Müller, uno de los hombres de oración más potentes de esta generación, cuando llegaba el momento de la oración, comenzaba leyendo y meditando sobre La Palabra de Dios hasta que, a partir del mismo estudio de su Palabra, la oración comenzaba a formarse en su corazón. De esta manera Dios mismo era el autor de la oración, y era Dios quien respondía a las oraciones que Él mismo había inspirado.

La Palabra de Dios es el instrumento mediante el cual obra el Espíritu Santo, se trata de la espada del Espíritu en muchos sentidos; y aquel que conozca el obrar del Espíritu Santo en cualquier dirección, debe alimentarse de La Palabra. Aquel que ora en el Espíritu, debe meditar mucho sobre La Palabra, que el Espíritu Santo puede tener algo sobre lo cual Él puede obrar. El Espíritu Santo realiza sus oraciones en nosotros a través de La Palabra, y la inobservancia de La Palabra hace que resulte imposible orar en el

Espíritu Santo. Si alimentamos el fuego de
nuestras oraciones con el combustible de La
Palabra de Dios, desaparecerán, entonces,
todas nuestras dificultades en lo que respecta
a la oración.

Capítulo 8

LA ORACIÓN
CON ACCIÓN
DE GRACIAS

Existen cuatro palabras por lo general ignoradas en relación al aprendizaje de la oración, que Pablo nos entrega en Filipenses 4:6-7: *"Por nada estéis afanosos, sino sean conocidas vuestras peticiones delante de Dios en toda oración y ruego, con acción de gracias. Y la paz de Dios, que sobrepasa todo entendimiento, guardará vuestros corazones y vuestros pensamientos en Cristo Jesús"*. Y las cuatro palabras ignoradas son *"con acción de gracias"*.

Al acercarnos a Dios para pedirle nuevas bendiciones, nunca debemos olvidar darle las gracias por aquellas bendiciones que ya nos han sido concedidas. Si alguno de nosotros se detuviera a reflexionar sobre cuántas de las oraciones que hemos ofrecido a Dios han sido respondidas, y que en raras ocasiones hemos agradecido a Dios por las respuestas entonces dadas, estoy seguro de que nos encontraríamos envueltos en una gran confusión.

Deberíamos ser tan constantes y específicos con el agradecimiento, como lo somos con la oración. Nos dirigimos a Dios con peticiones precisas, pero cuando se trata de agradecerle, nuestra acción de gracias es vaga e indeterminada.

Sin duda alguna, una de las razones por las cuales muchas de nuestras oraciones carecen de poder, es que no hemos reparado en agradecer por aquellas que ya nos han sido concedidas. Si alguien recurriera constantemente a nosotros pidiéndonos ayuda y nunca nos dijera "gracias" por dicha ayuda, pronto nos cansaríamos de ayudar a esa persona tan desagradecida. De hecho, al considerar a quien ayudamos, evitaríamos alentar tal grado de ingratitud. Evidentemente, nuestro Padre celestial en pos de nuestro propio bien, muchas veces se niega a responder nuestras peticiones, con el objetivo de hacernos reflexionar sobre nuestra ingratitud, y enseñarnos a ser agradecidos.

Nuestra ingratitud y falta de reconocimiento hacia Dios hiere profundamente a Dios. Cuando Jesús curó a los diez leprosos y solo uno de ellos fue a agradecerle, Él exclamó asombrado y dolorido: *"¿No son diez los que fueron limpiados? Y los nueve, ¿dónde están?"* (Lucas 17:17).

Cuán a menudo Él mira con tristeza nuestra inadvertencia respecto de sus repetidas bendiciones, y su frecuente respuesta a nuestras plegarias.

Al retribuirle las gracias por las bendiciones recibidas, nuestra fe aumenta y nos permite acercarnos a Dios con renovada determinación y seguridad. Ciertamente, el motivo por el cual muchos tienen tan poca fe al orar, es que se toman muy poco tiempo para meditar y agradecer a Dios por las bendiciones recibidas.

Mientras reflexionamos sobre las respuestas dadas a nuestras oraciones, la fe se acrecienta más y más, y empezamos a sentir en el interior de nuestra alma que no existe nada imposible para nuestro Señor. Al recapacitar, por un lado, sobre la soberana bondad de Dios para con nosotros y sobre nuestra ínfima reflexión, fuerza y pensamiento en la misma acción de gracias por otro, deberíamos reconocer nuestra impertinencia ante Dios y confesar nuestro pecado.

Los más potentes hombres de oración que aparecen en la Biblia y a lo largo de toda la historia de la Iglesia, son los que han sabido entregarse a la oración y al agradecimiento. David fue uno de ellos, ¡y en qué forma sus salmos abundan en agradecimiento y oración! También los apóstoles fueron potentes; de ellos leemos que estaban continuamente en el templo alabando y bendiciendo a Dios. Pablo fue un potente hombre de oración, y cuán a menudo en sus epístolas estalla en sincero agradecimiento hacia Dios por las bendiciones y respuestas a sus oraciones.

Jesús es nuestro modelo tanto para la oración como para todo lo demás. Encontramos en el estudio de su vida, que su manera de agradecer por una simple comida era tan notoria que dos de sus discípulos lo reconocen por esta característica después de su resurrección.

La acción de gracias es uno de los resultados inevitables al ser colmado por el Espíritu Santo, y aquel que no aprende "a dar gracias por todo", no puede continuar orando en el Espíritu. Si aprendiéramos a orar con poder, haríamos bien al permitir que estas cuatro palabras se graben profundamente en nuestros corazones: *"con acción de gracias"*.

Capítulo 9

OBSTÁCULOS
PARA LA ORACIÓN

Ya hemos analizado las condiciones positivas de la oración elevada; pero existen algunas cosas que impiden la oración. Dios ha aclarado concretamente en su Palabra de cuáles se trata.

1. El primer obstáculo para la oración lo encontramos en Santiago 4:3: *"Pedís, y no recibís, porque pedís mal, para gastar en vuestros deleites"* (énfasis añadido).

Si nuestra oración tiene un objetivo egoísta, entonces carecerá de fuerza. Muchas de las oraciones son egoístas. Quizás, las oraciones en sí son por cosas por las que está perfecto orar, cosas que es voluntad de Dios otorgarnos, pero el motivo de la oración es completamente erróneo y, en consecuencia, la oración pierde toda su fuerza. El verdadero propósito de toda oración es la gloria misma de Dios. Si meramente pedimos recibir algo que nos otorgue placer o para nuestra propia gratificación de una u otra manera, pedimos equivocadamente y no necesitamos esperar por lo que pedimos. Esto explica por qué muchas de nuestras oraciones permanecen sin respuesta.

Por ejemplo, más de una mujer ora por la conversión de su esposo. Ciertamente, orar por eso es lo más apropiado; pero en muchos casos los motivos al pedir por la conversión de su esposo son enteramente impropios, egoístas. Desean que se conviertan porque para ella es mucho más placentero tener un marido que la comprenda; o porque es muy doloroso pensar que él pueda morir y perderse para siempre.

Por motivo tan egoísta es que desea que se convierta. La oración es egoísta en esencia.

¿Por qué desearía una mujer la conversión de su marido? Principalmente y por sobre todas las cosas, para la gloria de Dios; porque no puede concebir la idea de que su marido deshonre a Dios Padre al pisotear al Hijo de Dios.

Muchos oran para despertar su fe. Este tipo de oración le agrada a Dios, está en línea con su voluntad; pero muchas plegarias por este reavivamiento son puramente egoístas. Las iglesias desean estos reavivamientos para que aumente la cantidad de fieles, para que la iglesia tenga una posición de mayor poder e influencia en la comunidad, para que se llene el tesoro de la iglesia, para que se haga un buen informe en el presbiterio, en la conferencia o en la asociación. Por fines tan bajos, tanto las iglesias como los ministros muchas veces oran por este reavivamiento; y también, muchas veces Dios no responde a estas oraciones.

¿Por qué debemos orar por un reavivamiento? Para la gloria de Dios, porque no podemos soportar el hecho que Dios continúe siendo deshonrado por la frivolidad de la iglesia, por los pecados de quienes no creen, por la orgullosa falta de fe de hoy; porque se hace de La Palabra de Dios algo vacío; debemos orar para que Dios sea glorificado por el torrente de su Espíritu sobre la Iglesia de Cristo. Por estas razones, principalmente y por sobre todas las cosas, es que debemos orar por el reavivamiento de nuestra fe.

Más de una oración por el Espíritu Santo es puramente egoísta. Es verdad que es voluntad de Dios entregarles el Espíritu Santo a quienes se lo pidan; así lo dijo Él mismo en su Palabra (ver Lucas 11:13), pero muchas de las oraciones que piden por el Espíritu Santo son obstaculizadas por el egoísmo del motivo que se esconde detrás de ellas. Hombres y mujeres oran pidiendo el Espíritu Santo por su propia felicidad o para ser salvados de la desgracia de la derrota en sus vidas, para obtener poder como obreros cristianos o por otro motivo igualmente egoísta.

¿Por qué debemos orar al Espíritu? Para que Dios no siga siendo deshonrado por el bajo nivel de nuestra vida cristiana o la ineficiencia en el servicio, para glorificar a Dios con la nueva belleza que llega a nuestras vidas y la nueva fuerza que llega a nuestro servicio.

2. El segundo obstáculo para la oración lo encontramos en Isaías 59:1-2: *"He aquí que no*

se ha acortado la mano de Jehová para salvar, ni se ha agravado su oído para oír; pero vuestras iniquidades han hecho división entre vosotros y vuestro Dios, y vuestros pecados han hecho ocultar de vosotros su rostro para no oír".

El pecado obstaculiza la oración. Muchos oran y oran y no obtienen respuesta alguna a su oración. A lo mejor están tentados a pensar que no es la voluntad de Dios responderles, o creen que se acabaron los días en los que Dios respondía las oraciones, si es que alguna vez existieron dichos días. Y eso parecería ser lo que pensaron los israelitas. Creyeron que la mano del Señor era demasiado corta, que no podía salvarlos, y que su oído se había vuelto sordo y que ya no podía oír.

"No es así –dijo Isaías–, el oído de Dios está justo tan abierto como para oíros como siempre, su mano tan poderosa como para salvar; pero hay un obstáculo. Ese obstáculo es sus propios pecados. Sus iniquidades los han separado de su Dios, y sus pecados les han escondido el rostro de Dios, por eso no los oirá."

Esto es lo que sucede en la actualidad. Muchos imploran a Dios en vano, simplemente a causa del pecado en sus vidas. Debe haber algún pecado inconfeso y sin juzgar en el pasado, debe haber algún pecado en el presente que es algo que la persona atesora, y muy probablemente no lo considera pecado; pero tal pecado existe, escondido en alguna parte, en el corazón o en la vida, y Dios "no oirá".

Quien encuentre sus oraciones sin efecto no debería concluir que aquello que pide de Dios no es acorde a su voluntad, sino que debería orar en soledad a Dios junto con el salmista: *"Examíname, oh Dios, y conoce mi corazón; pruébame y conoce mis pensamientos; y ve si hay en mí camino de perversidad, y guíame en el camino eterno"* (Salmo 129:23-24) y esperar ante Él hasta que apunte con su dedo hacia aquello que es desagradable a sus ojos. Entonces, debe confesar y quitar su pecado.

Recuerdo bien una oportunidad en mi vida, cuando oraba por dos cosas específicas que creía que debía tener, o Dios sería deshonrado; sin embargo, la respuesta no venía. Desperté en el medio de la noche con un dolor físico muy fuerte y gran inquietud en el alma. Imploré a Dios por estas cosas, razoné con Él sobre cuán necesario era que las consiguiera, y que las consiguiera en ese momento; pero no hubo respuesta. Le pedí a Dios que me mostrara si había algo malo en mi vida.

Se me ocurrió algo que ya antes me había ocurrido con frecuencia, algo concreto, pero que yo negaba a confesarlo como pecado. Me dirigí a Dios: "Si lo que está mal es esto, lo abandonaré"; pero seguí sin recibir respuesta. En lo más profundo de mi corazón, aunque nunca lo había admitido, sabía que eso estaba mal.

Finalmente dije: "Esto está mal. He pecado. Lo abandonaré". Y encontré la paz. Al poco tiempo, dormía como un niño. Por la mañana desperté sin dolor físico alguno, y el dinero que tanto necesitaba para honrar el nombre de Dios, llegó.

El pecado es algo horrible, y una de las cosas más horribles del pecado es la manera en que obstaculiza la oración, la manera en que rompe la conexión entre nosotros y la fuente de toda gracia, de toda fuerza y bendición. Cualquiera que tenga fuerza en la oración debe ser despiadado al tratar con sus propios pecados. *"Si en mi corazón hubiese yo mirado a la iniquidad, el Señor no me habría escuchado"* (Salmo 66:18).

Mientras continuemos en el pecado o en controversia con Dios, no podemos esperar que Él preste atención a nuestras oraciones. Si hay algo que aparece constantemente en los momentos de íntima comunión con Dios, que es lo que nos impide la oración, alejémoslo.

3. Encontramos el tercer obstáculo para la oración en Ezequiel 14:3: *"Hijo de hombre, estos hombres han puesto sus ídolos en su corazón, y han establecido el tropiezo de su maldad delante de su rostro. ¿Acaso he de ser yo en modo alguno consultado por ellos?"* Los ídolos en el corazón hacen que Dios se niegue a escuchar nuestras oraciones.

¿Qué es un ídolo? Un ídolo es cualquier cosa que tome el lugar de Dios, cualquier cosa que sea el objeto supremo de nuestro afecto. Solo Dios tiene derecho a ocupar el lugar supremo en nuestro corazón. Cualquier otra cosa o cualquier otra persona deben estar subordinadas a Él.

Más de un hombre hace de su esposa un ídolo. Ningún hombre puede amar a su esposa más que demasiado, pero sí, puede ubicarla en el lugar incorrecto, puede ponerla antes que a Dios; y cuando el hombre considera el placer de su mujer antes que el placer de Dios, cuando le brinda a ella el primer lugar y a Dios el segundo, su esposa es un ídolo, y Dios no puede oír sus oraciones.

Más de una mujer hace de sus hijos un ídolo. No quiere decir que amemos a nuestros hijos demasiado. Cuanto más amemos a Cristo, más amaremos a nuestros hijos; pero podemos poner a nuestros hijos en el lugar incorrecto, podemos ubicarlos antes que a Dios, o sus intereses antes que los intereses de Dios. Cuando actuamos de esta manera, hacemos de nuestros hijos, ídolos.

Muchos hombres hacen un ídolo de su reputación o sus negocios. La reputación o los negocios son ubicados antes que Dios. Dios no puede oír las plegarias de dicho hombre.

Debemos responder una gran pregunta: si tuviéramos fuerza en la oración ¿está Dios absolutamente primero? ¿Está Él antes de nuestra esposa, de nuestros hijos, de nuestra reputación, de nuestros negocios? De no ser así, la oración elevada es imposible de que sea contestada.

A menudo Dios nos llama la atención por el hecho de que tenemos un ídolo, y lo hace no respondiendo nuestras oraciones; de este modo, nos induce a replantearnos por qué nuestras oraciones no son respondidas, y que descubramos al ídolo, lo alejemos y, entonces, Dios oiga nuestras oraciones.

4. El cuarto obstáculo para la oración lo encontramos en Proverbios 21:13: *"El que cierra su oído al clamor del pobre, también él clamará, y no será oído"*.

Quizás no exista mayor impedimento para la oración que la tacañería, la falta de generosidad ante los pobres y ante la obra de Dios. Es aquel que da generosamente a los demás quien recibe con generosidad de Dios: *"Dad, y se os dará; medida buena, apretada, remecida y rebosando darán en vuestro regazo; porque con la misma medida con que medís, os volverán a medir"* (Lucas 6:38). El hombre generoso es el orador potente. El hombre tacaño es el orador sin fuerza.

Una de las frases más maravillosas sobre la oración que prevalece (ya citada anteriormente): *"Y cualquiera cosa que pidiéremos la recibiremos de él, porque <u>guardamos sus mandamientos, y hacemos las cosas que son agradables delante de él</u>"* (1 Juan 3:22, énfasis añadido), se pronunció en relación directa con la generosidad para con los necesitados. En el contexto, se nos dice que cuando amamos, no con palabras, sino con hechos y de verdad, cuando abrimos nuestros corazones hacia nuestro hermano necesitado, es ahí y solo ahí cuando confiamos en Dios con la oración.

Más de un hombre o mujer que busca encontrar el secreto de la falta de poder en sus oraciones, no necesita buscar lejos; no es ni más ni menos que mera tacañería. George Müller, a quien ya nos referimos, era un hombre de oración potente, porque era muy bondadoso. Nunca se quedaba con lo que Dios le daba, sino que inmediatamente se lo pasaba a los demás. Recibía constantemente porque daba constantemente. Cuando pensamos en el egoísmo de la iglesia actual, en cómo las iglesias ortodoxas no alcanzan un promedio de $ 1.= anual por miembro para las misiones extranjeras, no hay que preguntarse por su falta de poder en la oración. Si recibimos algo de Dios, debemos dar a los otros.

Quizás la promesa más maravillosa de la Biblia respecto a la entrega de Dios para nuestras necesidades, se encuentra en Filipenses 4:19: " *Mi Dios, pues, suplirá todo lo que os falta conforme a sus riquezas en gloria en Cristo*

Jesús". Esta gloriosa promesa fue hecha a la iglesia filipense, y en relación directa con su generosidad.

5. El quinto obstáculo para la oración está en Marcos 11:25: "*Y cuando estéis orando, perdonad, si tenéis algo contra alguno, para que también vuestro Padre que está en los cielos os perdone a vosotros vuestras ofensas*". Un espíritu que no perdona es uno de los obstáculos más comunes para la oración. La oración es respondida sobre la base de que nuestros pecados sean perdonados; y Dios no puede relacionarse con nosotros basándose en el perdón, cuando nosotros albergamos mala voluntad contra aquellos que han sido injustos con nosotros.

Aquel que guarda rencor hacia otro ha cerrado el oído de Dios para su propio pedido. Cuántas personas hay que imploran a Dios por la conversión de su esposo, hijos, amigos… y se preguntan por qué su oración no es respondida, cuando el secreto se encuentra en el rencor que albergan en sus corazones hacia alguien que los haya lastimado, o que imaginan que los ha lastimado. Muchos padres y madres permiten que sus hijos pasen a la eternidad sin salvación, por la mísera gratificación de odiar a alguien.

6. Encontramos en 1 Pedro 3:7 el sexto obstáculo para la oración: *"Vosotros, maridos, igualmente, vivid con ellas sabiamente, dando honor a la mujer como a vaso más frágil, y como a coherederas de la gracia de la vida, para que vuestras oraciones no tengan estorbo"*. Aquí nos dice sencillamente que la relación inapropiada entre marido y mujer es un obstáculo para la oración.

Una y otra vez las oraciones de los maridos son obstaculizadas por su propia falla en el debido trato para con su mujer. Por otro lado, es sin duda cierto que las oraciones de las mujeres son obstaculizadas por su falta del trato adecuado para con sus maridos. Si marido y mujer buscaran diligentemente encontrar la causa de sus oraciones no respondidas, a menudo la encontrarían en la relación con su cónyuge.

Más de un hombre que tiene grandes presunciones de piedad, que es miembro muy activo en la obra cristiana, pero muestra poca consideración por el trato hacia su mujer, y es generalmente ingrato, si no bruto, se preguntará, entonces, por qué sus oraciones no son respondidas. El versículo que hemos citado explica el aparente misterio.

Por otra parte, la mujer muy devota de la iglesia que con mucha fe atiende todos los servicios pero trata a su marido con la más imperdonable falta de atención, es colérica e irritable para con él, lo hiere con la brusquedad de sus palabras y con su temperamento ingobernable, y luego se preguntará por qué no hay poder en sus oraciones.

Existen otras cosas en las relaciones entre marido y mujer de las que no puede hablarse públicamente, pero que, sin dudas, constituyen un obstáculo para el acercamiento a Dios mediante la oración. Hay mucho pecado oculto bajo el sagrado nombre del matrimonio, que es la causa de la muerte espiritual y de la falta de poder en la oración. Todos los hombres y mujeres cuyas oraciones parecen no ser respondidas, deberían desplegar toda su vida matrimonial ante Dios, y pedirle a Él que ponga su dedo sobre lo que encuentre desagradable ante su vista.

7. El séptimo obstáculo aparece en Santiago 1:5-7: *"Y si alguno de vosotros tiene falta de sabiduría, pídala a Dios, el cual da a todos abundantemente y sin reproche, y le será dada. Pero pida con fe, no dudando nada; porque el que duda es semejante a la onda del mar, que es arrastrada por el viento y echada de una parte a otra. No piense, pues, quien tal haga, que recibirá cosa alguna del Señor".*

Las oraciones se ven obstaculizadas por la falta de fe. Dios nos ordena que creamos absolutamente en su Palabra. Si la cuestionamos convertimos a Dios en un mentiroso. Muchos de nosotros lo hacemos al suplicar sus promesas, y no es de extrañar que no haya respuesta a nuestra oración. ¡Cuántas oraciones son obstaculizadas por nuestra maldita falta de fe! Nos dirigimos a Dios para pedirle por algo que está prometido en su Palabra, y luego no esperamos conseguirlo; *"No piense, pues, quien tal haga, que recibirá cosa alguna del Señor".*

Capítulo 10

CUÁNDO ORAR

S i conociéramos la plenitud de la bendición que existe en la vida en la oración, es importante no solo que oremos correctamente, sino también en el momento oportuno. El ejemplo del mismo Cristo está colmado de sugerencias sobre el momento adecuado para la oración.

1. En el primer capítulo del Evangelio de Marcos, en el versículo 35, lee-

mos: *"Levantándose muy de mañana, siendo aún muy oscuro, salió y se fue a un lugar desierto, y allí oraba"* (énfasis añadido). Jesús eligió las primeras horas de la mañana para la oración. Muchos de los más fervientes hombres de Dios han seguido este ejemplo del Señor. En las primeras horas del día la mente está fresca y en su mejor momento. Está libre de distracciones, y esa total y absoluta concentración hacia Dios, que es esencial para una oración eficaz, es más fácil de conseguir en las primeras horas de la mañana.

Más aún, cuando pasamos las primeras horas del día orando, queda santificado todo el día, y obtenemos fuerza para superar las tentaciones y cumplir con nuestras obligaciones. Podemos conseguir más con la oración matinal que si la realizamos en cualquier otro momento del día.

Cada criatura de Dios que quiera hacer lo más posible de su vida por Cristo, debe separar la primera parte del día y disponerla para el encuentro con Dios mediante el estudio de su Palabra y la oración. Lo primero que hacemos cada día debería ser encontrarnos a solas con Dios y encarar nuestras obligaciones, las tentaciones y el servicio de ese día, y obtener fuerza para todo eso. Debemos conseguir la victoria antes de que llegue la hora del juicio, la tentación o el servicio. El lugar secreto para la oración es el lugar donde peleemos las batallas y obtengamos las victorias.

2. El sexto capítulo de Lucas, en el versículo 12, echa luz aún en mayor medida respecto al momento adecuado para orar. Leemos: *"En aquellos días él fue al monte a orar, y pasó la noche orando a Dios"* (énfasis añadido).

Aquí vemos que Jesús oró por la noche, que pasó toda la noche orando. Por supuesto, no debemos suponer que se trataba de una práctica habitual de nuestro Señor, ni tampoco sabremos en qué medida era una práctica común; sin embargo, había veces en que se entregaba toda la noche a la oración. Aquí también haríamos bien en seguir los pasos del Señor.

Por supuesto, existe un modo de separar noches para la oración en el cual no hay ganancia alguna; es puro legalismo. Pero el abuso de esta práctica no es la razón para negarla por completo. No debemos decir: "voy a pasar toda la noche orando", con el pensamiento de que hay mérito alguno, que ganaremos el favor de Dios en tal ejercicio: eso es legalismo.

Pero muchas veces haremos bien al decir: "Separaré esta noche para el encuentro con Dios y, así, obtener su bendición y fuerzas, y de ser necesario, si Él me guía entregaré toda la noche a la oración". Muchas veces habremos orado por cosas mucho antes de que la noche haya pasado, y al retirarnos, encontraremos más refrescante y fortificante el sueño, como si no hubiéramos pasado el tiempo orando. En otras oportunidades, Dios nos mantendrá en comunión con Él hasta entrada la mañana, y cuando Él hace esto en su infinita gracia, ¡benditas son, por cierto, esas horas de oración nocturna!

Las noches de oración a Dios son seguidas de días de fuerza con los hombres. En las horas de la noche el mundo calla y duerme, y entonces podemos estar a solas con Dios más fácilmente, sin molestias en nuestra comunión con Él. Si apartamos una noche entera para la oración, no habrá apuro, habrá tiempo para que se aquiete nuestro corazón ante Dios, habrá tiempo para que toda nuestra mente se ponga bajo la guía del Espíritu Santo, habrá tiempo para orar con perseverancia.

La noche de oración ha de ponerse enteramente bajo el control de Dios. No debemos establecer cuánto durará, o qué es lo que oraremos o pediremos, sino estar dispuestos a esperar a Dios durante poco o mucho tiempo, según Él nos guíe, y dejarnos guiar en una u otra dirección según Él lo indique.

Jesucristo oró antes de toda gran crisis en su vida sobre la Tierra. Oró antes de elegir a los doce discípulos; antes del sermón del monte; antes de iniciar una gira de evangelización; antes de su unción con el Espíritu Santo y su entrada en su ministerio público; antes de anunciar a los doce su muerte; antes de la gran consumación de su vida en la cruz (ver Lucas 6:12-13; Lucas 9:18, 21-22; Lucas 3:21-22; Marcos 1:35-38; Lucas 22:39-46).

Se preparó para cada crisis importante con un período de oración. Lo mismo debemos hacer nosotros. Cada vez que vemos que se acerca una crisis en nuestra vida, debemos prepararnos con un período de oración muy definida a Dios. Debemos tomar mucho tiempo para esta oración.

3. Cristo oró no solo antes de los grandes eventos y victorias de su vida, sino también después de sus grandes logros y crisis importantes. Cuando alimentó a los cinco mil con las cinco hogazas y dos pescados, y la multitud quiso hacerlo rey, envió a sus discípulos a otra parte y fue a orar a solas al monte, y pasó allí horas a solas con Dios, orando (ver Mateo 14:23; Juan 6:15). Y así fue de victoria en victoria.

Es más común para nosotros orar antes de los grandes eventos de la vida que después, aunque esto último es tan importante como lo primero. Si oráramos después de los grandes logros de la vida, podríamos pasar a logros aún mayores; de hecho, por lo general nos sentimos agotados o envanecidos por lo que hacemos en el nombre del Señor, y por eso no avanzamos. Muchos, en respuesta a la oración, se han sentido investidos de poder, y por eso logran grandes cosas en el nombre del Señor.

Cuando las han logrado, en lugar de apartarse para estar a solas, humildemente ante Dios, cuando le damos toda la gloria por lo que se ha logrado, se felicitan de lo que han conseguido, se envanecen, y entonces Dios se ve obligado a dejarlos de lado. Las grandes cosas logradas no fueron seguidas de humillación del propio ser y de oración a Dios, y entonces el orgullo hace su entrada, quita al hombre su poder de oración.

Jesucristo dedicó tiempo especial de oración cuando estaba especialmente ocupado. Se retiraba de la multitud en esos momentos e iba al desierto para orar. Por ejemplo, leemos en Lucas 5:15-16: *"Pero su fama se extendía más y más; y se reunía mucha gente para oírle, y para que les sanase de sus enfermedades. Mas él se apartaba a lugares desiertos, y oraba"*. Hay gente que está tan ocupada que no encuentra tiempo para orar.

Aparentemente, cuando más ocupado estaba Cristo, tanto más oraba. A veces ni siquiera tenía tiempo para comer (ver Marcos 3:20), o para descansar y dormir (ver Marcos 6:31, 33, 46). Sin embargo, siempre apartaba tiempo para orar, y cuanto más trabajaba, más oraba. Muchos cristianos y hombres de Dios han aprendido este secreto de Cristo, y cuando están muy atareados suelen apartar un tiempo para la oración. Hay otros que solían ser poderosos hombres de Dios y perdieron su poder porque no aprendieron este secreto, permitieron que el trabajo quitara lugar a la oración.

Hace años tuve el privilegio, junto a otros estudiantes de teología, de formular preguntas a uno de los hombres de Dios más útiles en ese momento. Pregunté:

–¿Nos diría algo sobre su vida de oración?–

El hombre guardó silencio durante un momento y luego mirándome con sinceridad, respondió:

–Bueno, he de admitir que tuve tanto trabajo últimamente que no pude dedicar a la oración el tiempo que debía–.

¿Ha de extrañarnos que ese hombre haya perdido su poder y que la gran obra que estaba cumpliendo se viera empañada en gran medida? Jamás olvidemos que cuanto más nos presiona el trabajo, tanto más tiempo debemos pasar en oración.

4. Jesucristo oró antes de las grandes tentaciones de su vida. Cuando ya se acercaba a la cruz y se daba cuenta de que en ella vendría la última y más grande prueba de su vida, Jesús iba al jardín a orar. Fue *"a un lugar*

que se llama Getsemaní, y dijo a sus discípulos:
Sentaos aquí, entre tanto que voy allí y oro"
(Mateo 26:36).

La victoria del Calvario se ganó esa noche
en el jardín de Getsemaní. La calma majestad
de la postura de Jesucristo al enfrentar los
terribles ataques en el tribunal de Pilato y el
Calvario, fueron resultado de la lucha, la agonía y la victoria de Getsemaní. Mientras Jesús
oraba los discípulos dormían, así que Él se
mantuvo firme en tanto que ellos cayeron de
manera ignominiosa.

Muchas tentaciones nos toman por sorpresa, sin anunciarse, y lo único que podemos
hacer en ese momento es elevar un grito a
Dios para que nos auxilie, enseguida; pero
también hay tentaciones que vemos a la dis-
tancia, y en esos casos habrá que ganar la victoria antes de que la tentación nos alcance.

5. En 1 Tesalonicenses 5:17 lee-
mos: *"Orad sin cesar"* (énfasis añadido). Y en
Efesios 6:18, *"orando en todo tiempo"* (énfasis
añadido).

La nuestra debe ser una vida de oración.
Debemos andar en constante comunión con

Dios. Debe haber una constante búsqueda del alma de Dios. Debemos caminar en su presencia como hábito, al punto de que al despertar en medio de la noche sea lo más natural del mundo que le hablemos para agradecerle o pedirle.

Capítulo 11

LA NECESIDAD DE ORAR ANTES Y DURANTE EL REAVIVAMIENTO

S i hemos de orar correctamente en estos días, gran parte de nuestra oración tendrá que ser por un reavivamiento general. Si hubo momento en que fue necesario clamar a Dios con las palabras del salmista *"¿No volverás a darnos vida, para que tu pueblo se regocije en ti?"* (Salmo 85:6), es en estos días.

Es, seguro, momento para que el Señor obre, porque los hombres han invalidado la ley divina (ver Salmo 119:126). La voz del Señor dada en La Palabra escrita ha sido invalidada por el mundo, tanto como por la Iglesia. Este tiempo no es un tiempo para el desaliento: quien cree en Dios y cree en La Biblia jamás puede desalentarse; sino un tiempo para que Jehová mismo entre en acción y palabra. El cristiano inteligente, el centinela siempre en vigilia sobre los muros de Sión, gritará con el salmista: *"Tiempo es de actuar, oh, Jehová"* (Salmo 119:126).

La gran necesidad de hoy es un reavivamiento general. Pensemos primero qué es un reavivamiento general.

Un reavivamiento es un tiempo de aceleración o de entrega de vida. Como Dios solamente es quien puede dar vida, el reavivamiento es el tiempo en que Dios visita a su pueblo y mediante el poder de su Espíritu imparte nueva vida en ellos, y por medio de ellos imparte vida a los pecadores muertos en sus pecados y transgresiones. Sentimos excitación religiosa con los métodos astutos y la influencia hipnótica del evangelista meramente profesional; pero esto no es reavivamiento, y no es necesario. Son las imitaciones que el diablo hace. Nueva vida de Dios, eso es un reavivamiento. El reavivamiento general es el tiempo en que esta nueva vida de Dios no está confinada a localidades dispersas, sino que es general en toda la cristiandad, en todo el mundo.

La razón por la que hace falta un reavivamiento general, es que la dejadez y desolación espiritual y la muerte, son generales. Y no están confinadas a un país en particular, aunque se manifiesten más en algunos que en otros. Está también en los campos de misión, y en los domésticos. Tenemos reavivamientos locales, sí. El Espíritu de Dios que da vida ha insuflado su aliento en un ministro, o en una iglesia, por aquí y por allá, en una u otra comunidad; pero lo que necesitamos tanto es un reavivamiento general, que cubra a toda la Tierra.

Veamos por un momento cuáles son los resultados de un reavivamiento. Son resultados que se ven en los ministros, en la iglesia y en los no salvos.

1. Los resultados del reavivamiento en un ministro son:

a) El ministro siente nuevo amor por las almas. Como ministros no sentimos todo el

amor de debiéramos, no como lo sentía
Jesús o Pablo. Pero cuando Dios visita a su
pueblo los corazones de los ministros reci-
ben especial carga por los no salvos. Salen
con gran anhelo de la salvación de los
demás. Olvidan su ambición por predicar el
gran sermón para obtener fama, y solamente
anhelan ver que vengan a Cristo más y más
personas.

b) Cuando llega el verdadero reavivamiento el ministro siente nuevo amor por La
Palabra de Dios y nueva fe en La Palabra de
Dios. Echa al viento sus dudas y críticas de la
Biblia y los credos, y va a predicar la Biblia,
especialmente al Cristo crucificado. Los reavivamientos hacen que los ministros más
liberales se vuelvan más ortodoxos. El genuino reavivamiento general hará más por revo-
lucionar las cosas que por ordenarlas, más
que todo juicio de herejía que se haya insti-
tuido jamás.

c) Los reavivamientos dan a los ministros
nueva libertad y poder para predicar. Ya no
pasan una larga semana preparando el sermón, ni les causa tensión predicarlo una vez
preparado. Predicar es un gozo, refrescante,
lleno de poder en tiempos de reavivamiento.

2. Los resultados del reavivamiento en los cristianos por lo general son tan marcados como en los ministros.

a) En tiempos de reavivamiento los cristianos se apartan del mundo y viven vidas separadas de este. Los cristianos que solían divertirse con cosas del mundo, jugando a las cartas, yendo al teatro o haciendo tonterías parecidas, las dejan de lado. Todo esto se vuelve incompatible con la luz y la vida que crecen.

b) En tiempos de reavivamiento los cristianos obtienen nuevo espíritu de oración. Las reuniones de oración ya no son una obligación, sino la necesidad del corazón hambriento, importuno. La oración privada tiene mayor celo. La voz de la oración sincera a Dios se oye día y noche. La gente ya no pregunta: "¿Responde Dios a la oración?" Saben que así es, y día y noche asedian el trono de gracia.

c) En tiempos de reavivamiento los cristianos salen a trabajar por las almas perdidas. No se reúnen solamente para estar juntos, pasar buenos momentos y obtener bendición. Van a las reuniones para buscar almas y llevarlas a Cristo. Hablan de Cristo en las calles, en las tiendas, en sus casas. La cruz de Cristo, la salvación, el cielo y el infierno son su constante tema de conversación. La política, el clima, las modas, lo último en novelas… todo eso se olvida.

d) En tiempos de reavivamiento los cristianos tienen nuevo gozo en Cristo. La vida es gozo y la nueva vida es nuevo gozo. Los días de reavivamiento son días alegres, días de paraíso en la Tierra.

e) En tiempos de reavivamiento los cristianos sienten nuevo amor por La Palabra de Dios. Quieren estudiarla día y noche. Los reavivamientos son malos para los cines o bares, pero buenos para las librerías y agencias bíblicas.

3. Los reavivamientos también tienen decidida influencia en el mundo no salvo.

a) Ante todo, porque traen profunda convicción de pecado. Jesús dijo que cuando el Espíritu viniera convencería al mundo de pecado (ver Juan 16:7-8). Ahora hemos visto que el reavivamiento es una venida del Espíritu Santo, y por eso ha de haber nueva convicción, y siempre la hay. Si vemos algo que llaman reavivamiento y no hay convicción de pecado, sabremos enseguida que es falso. Es la marca distintiva del reavivamiento.

b) Los reavivamientos también traen conversión y regeneración. Cuando Dios refresca a su pueblo, siempre sucede que también convierte a pecadores. El primer resultado de Pentecostés fue nueva vida y poder a los ciento veinte discípulos en el aposento alto; el segundo resultado fueron tres mil conversiones en un solo día. Siempre es así. Continuamente leo sobre reavivamientos aquí o allá, en que hubo gran auxilio para los cristianos, aunque sin conversiones.

Tengo mis dudas sobre este tipo de reavivamiento. Si los cristianos han sido verdaderamente refrescados y renovados, irán por los no salvos con oración, testimonio y persuasión, y habrá conversiones.

Por qué hace falta un reavivamiento general

Vemos lo que es un reavivamiento general y qué hace; veamos ahora el tema de por qué hace falta en estos días. Creo que la mera descripción de lo que es y lo que hace muestra que hace falta, y mucha falta, pero veamos algunas condiciones específicas de hoy, que nos demuestran la necesidad imperiosa de un reavivamiento.

Al mostrar estas condiciones, es posible que me llame pesimista. Si enfrentar los hechos es ser pesimista, me alegro de que me llamen así. Porque si para ser optimista hay que cerrar los ojos y hay que llamar blanco a lo negro, verdad al error y rectitud al pecado, o vida a la muerte, no quiero que me llamen optimista. Aunque soy optimista de todos modos. Porque señalar la condición actual llevará a una condición mejor.

1. Echemos en primer lugar una mirada al ministerio.

a) Muchos de los que somos ministros ortodoxos profesos somos prácticamente infieles. Son palabras duras, pero es un hecho indiscutible. No hay diferencia esencial entre las enseñanzas de Tom Paine y Bob Ingersoll, y las de algunos de nuestros profesores teólogos. Los últimos no son tan rotundos y sinceros, porque dicen las cosas con frases más elegantes y estudiadas, pero quieren decir lo mismo. Gran parte del así llamado nuevo aprendizaje y nueva crítica, es sencillamente infidelidad, del tipo Tom Paine, con una brillante capa de barniz.

El profesor Howard Osgood, estudioso verdadero y no solamente eco de la infidelidad alemana, leyó una vez una afirmación sobre diversas posiciones, y preguntó si no representaban con justicia la crítica de los estudiosos modernos, y cuando estuvieron todos de acuerdo en que así era, asombró a su audiencia diciendo: "Estoy leyendo de *'Edad de la razón'*, de Tom Paine".

Poco hay de nuevo en la crítica más alta. Nuestros futuros ministros a menudo son enseñados por profesores infieles, y como son muchachos inmaduros al entrar en el seminario o la universidad, naturalmente saldrán infieles en muchos casos, para envenenar luego a la iglesia.

b) Aún cuando nuestros ministros son ortodoxos –y gracias a Dios hay muchos– en muchas ocasiones no son hombres de oración. ¿Cuántos ministros modernos saben lo que es luchar en oración, pasar buena parte de una noche en oración? No sé cuántos son, pero sé que muchos no lo saben.

c) Muchos de los que somos ministros no tenemos amor por las almas. ¿Cuántos predican porque "deben" predicar, porque sienten que en todas partes hay personas que perecen y que al predicar existe la esperanza de salvar a algunos? ¿Y cuántos hacen seguimiento de su prédica, como hacía Pablo, rogando a todos en todas partes que se reconciliaran con Dios?

Quizá se haya dicho lo suficiente sobre nosotros, los ministros; pero es evidente que hace falta un reavivamiento para nosotros, por nuestro bien, porque de lo contrario muchos tendremos que estar ante Dios sobrecogidos por la confusión, en un día terrible de rendición de cuentas, como el que ha de venir con toda seguridad.

2. Ahora veamos a la iglesia:

a) Veamos el lado doctrinario de la iglesia. Bastante malo. Muchos no creen en La Biblia entera. El libro de Génesis es un mito, Jonás es una alegoría y hasta los milagros del Hijo de Dios se cuestionan. La doctrina de la oración es antigua y la obra del Espíritu Santo es objeto de burla. La conversión no hace falta, y ya no se cree en el infierno. Entonces veamos las modas y errores que han nacido de esta pérdida de fe, la Ciencia Cristiana, el Unitarianismo, el Espiritismo, el Babismo, la Sanación Metafísica, etc. etc, un pandemonio perfecto de doctrinas y demonios.

b) Veamos el estado espiritual de la Iglesia. Lo mundano hace estragos entre los miembros de la Iglesia. Muchos ansían tanto como cualquiera el lograr riqueza y dinero. Utilizan los métodos del mundo para acumular dinero, y se aferran a este tanto como cualquiera cuando lo consiguen. La falta de oración abunda en muchos miembros de la Iglesia.

Alguien dijo que los cristianos como promedio no pasan más de cinco minutos al día en oración. La negligencia respecto de La Palabra de Dios va de la mano con la negligencia respecto de la oración a Dios. Muchos cristianos pasan cada día el doble de tiempo revisando sus papeles de trabajo, del que pasan lavándose en la santa Palabra de Dios. ¿Cuántos cristianos promedian una hora al día pasada en el estudio de La Biblia? Junto con esta negligencia y dejadez respecto de la oración y La Palabra de Dios, va la falta de generosidad. Las iglesias se enriquecen rápidamente, pero las cajas de las sociedades misioneras están vacías. Los cristianos no promedian un dólar al año para las misiones en el extranjero. Es, sencillamente, aterrador.

Y también pensemos en la creciente negligencia con respecto al Día del Señor. Se está convirtiendo en día de placer mundano y no de santo servicio. El periódico del domingo con su palabrería sin sentido y sus sucios escándalos, ha reemplazado a La Biblia, y las visitas o el golf y la bicicleta han tomado el lugar de la escuela dominical y el culto a Dios en la iglesia.

Los cristianos se mezclan con el mundo en todas las formas posibles, entre las más cuestionables. El joven o la mujer que practica baile, con sus inmodestias crudas, la mesa de las cartas con su inclinación a las apuestas, y el teatro o el cine con su creciente seducción a la lujuria, son cosa atractiva y habitual. ¡Qué pequeña proporción de nuestras congregaciones ha entrado en verdadera comunión con Jesucristo en su carga por las almas! Hemos dicho ya suficiente sobre el estado espiritual de la iglesia.

3. Veamos el estado del mundo.

a) Notemos qué pocas conversiones hay. La Iglesia Metodista, que siempre lideró en la obra más contundente, ha perdido más miembros de los que ganó el año pasado. Aquí y allí una iglesia puede mostrar más adeptos a la confesión de la fe, pero son excepciones, y donde hay tales adeptos a la fe en pocos casos las conversiones son profundas, plenas y satisfactorias.

b) Falta convicción del pecado. Casi nadie se siente abrumado por el sentido de su terrible culpa al pisotear al Hijo de Dios. El pecado es "mala suerte", o "poca firmeza" o aún "una experiencia de vida", y casi nunca se lo considera un enorme mal en contra de un Dios santo.

c) La falta de fe hace estragos. Muchos lo ven como marca de superioridad intelectual cuando se rechaza a la Biblia, y hasta la fe en Dios o la inmortalidad. Es casi la única marca de superioridad intelectual que poseen muchos, y quizá la razón por la que se aferran a ella con tanta tenacidad.

d) De la mano con esta popular infidelidad va la bruta inmoralidad, como siempre ha sucedido. La infidelidad a Dios y la inmoralidad son mellizos siameses. Siempre existen, crecen y engordan al unísono. La inmoralidad se halla dondequiera que vayamos. Veamos el adulterio legalizado que llamamos divorcio. Hay hombres que se casan con una mujer detrás de la otra, y aún así son admitidos en la buena sociedad. Lo mismo pasa con las mujeres. Hay miles de hombres supuestamente respetables en Norteamérica, que viven con las esposas de otros hombres, y miles de mujeres supuestamente respetables que viven con los maridos de otras mujeres. Esta inmoralidad se encuentra en el teatro. El teatro es lo suficientemente malo como está, pero ahora "Sapphos" y los "Degenerados" y todos los viles accesorios innombrables del escenario gobiernan nuestras vidas, y la mujer que se degrada al aparecer en tales obras es defendida en los periódicos, bienvenida por gente supuestamente respetable.

Gran parte de nuestra literatura está podrida, aunque la gente decente leerá libros tan malos como "Trilby", porque están de moda. El arte a menudo cubre como fachada la indecencia desvergonzada. Las mujeres son inducidas a echar su modestia al viento, para que los artistas puedan perfeccionar su arte y ensuciar la moral. La codicia por el dinero es una manía entre ricos y pobres. El multimillonario venderá su alma y pisoteará los derechos de sus congéneres con la esperanza de convertirse en multimultimillonario, y el obrero cometerá asesinato para aumentar el poder de los sindicatos y aumentar los salarios.

Se encienden guerras y mueren hombres como si fueran perros, para mejorar el comercio y para ganar prestigio político para políticos inescrupulosos y sin principios, que desfilan como estadistas.

Lo licencioso del día levanta su cabeza de serpiente dondequiera que miremos. Lo vemos en los periódicos, en los carteles, en la publicidad de cigarros, zapatos, bicicletas, medicinas, corsés… y todo lo demás. Lo vemos de noche, en las calles. Lo vemos justo fuera de la iglesia. Lo vemos no solo en las asquerosas cloacas apartadas para eso en las grandes ciudades, sino cada vez más en nuestras calles y sectores residenciales. ¡Oh! de vez en cuando sí, si miramos con cuidado, lo veremos también en hogares supuestamente respetables, y de hecho llegará a nuestros oídos en las confesiones de hombres y mujeres con corazones quebrantados. La condición moral del mundo en nuestros días es asquerosa, aterradora, revulsiva.

Necesitamos un reavivamiento profundo, general, abarcador, en el poder del Espíritu Santo. O hay un reavivamiento general, o la disolución de la Iglesia, el hogar o el Estado son cosa segura. Un reavivamiento, nueva vida de Dios, esto es la cura, la única cura. Que aquiete y ahogue la terrible marea de inmoralidad y descreimiento. La mera discusión no bastará. Hace falta una señal del cielo, un nuevo derramamiento del Espíritu de Dios. No fue la discusión sino el aliento de Dios lo que relegó a Tom Paine, a Voltaire, a Volney y otros de los antiguos infieles al limbo del olvido; necesitamos nuevo aliento de Dios para enviar allí a los Wellhausens y los Kuenens, y los Grafs y los loros que han entrenado para ocupar las bancas y púlpitos de Norteamérica e Inglaterra para que los acompañen.

Creo que el aliento de Dios está llegando. La gran necesidad de nuestros tiempos es un reavivamiento general. Es claro. No admite diferencia de opinión. ¿Qué hemos de hacer, entonces? Orar. Tomemos la oración del salmista: *"¿No volverás a darnos vida, para que tu pueblo se regocije en ti?"* (Salmo 85:6). Tomemos la oración de Ezequiel: *"Ven de los cuatro vientos, y sopla sobre estos muertos, y vivirán"* (37:9).

¡Escuchen! Oigo un ruido. ¡Vean el estremecimiento! Casi puedo sentir la brisa en mis mejillas. Casi puedo ver el gran ejército viviente que se levanta. ¿No hemos de orar, orar, orar y orar hasta que el Espíritu venga y Dios reavive a su pueblo?

EL LUGAR DE LA ORACIÓN ANTES Y DURANTE LOS REAVIVAMIENTOS

No sería completo el tratamiento del tema de cómo orar, si no tomáramos en cuenta el lugar de la oración en los reavivamientos. El primer gran reavivamiento de la historia cristiana tuvo origen en el aspecto humano de una reunión de oración de diez días. Leemos que un puñado de discípulos: *"Todos estos perseveraban unánimes en oración y ruego"* (Hechos 1:14). El resultado de esa reunión de oración, lo leemos en el capítulo 2 de los Hechos de los Apóstoles: *"Y fueron todos llenos del Espíritu Santo, y comenzaron a hablar en otras lenguas, según el Espíritu les daba que hablasen"* (v. 4).

Luego, más adelante leemos que *"y se añadieron aquel día como tres mil personas"* (v. 41). Este reavivamiento demostró ser genuino y permanente. Los conversos *"Perseveraban en la doctrina de los apóstoles, en la comunión unos con otros, en el partimiento del pan y en las oraciones"* (v. 42), *"y el Señor añadía cada día a la iglesia los que habían de ser salvos"* (v. 47).

Todo reavivamiento verdadero a partir de ese día tuvo origen terrenal en la oración. El gran reavivamiento bajo Jonathan Edwards en el siglo XVIII comenzó con su famoso llamado a la oración. La maravillosa obra de gracia en India liderada por Brainerd, tuvo su origen en los días y noches que pasó Brainerd ante Dios en oración, en busca de poder de lo alto para su obra.

Una de las demostraciones más notables y generales del poder de reavivamiento de Dios, fue la que estalló en Rochester, Nueva York, en 1830, liderada por los esfuerzos de Charles G.

Finney. Se extendió no solo por el Estado, sino hasta incluso en Gran Bretaña. El Sr. Finney en persona atribuyó el poder de su obra al espíritu de oración que prevaleció. Lo describe en su autobiografía, con estas palabras:

"Cuando iba de camino a Rochester pasamos por una aldea a unos cincuenta kilómetros al este de Rochester, y un hermano ministro al que yo conocía al verme en el bote, subió a bordo para conversar unos momentos conmigo, con la intención de acompañarme durante unos minutos y luego regresar. Sin embargo, se interesó en la conversación y al enterarse de que iba hacia Rochester decidió seguir conmigo y acompañarme.

"Habíamos pasado allí unos pocos días, cuando este ministro se convenció tanto que no pudo dejar de sollozar un día cuando íbamos por la calle. El Señor le dio un potente espíritu de oración, y su corazón se quebró. Cuando oramos juntos, me impactó su fe en cuanto a lo que el Señor haría allí. Recuerdo que dijo: 'Señor, no sé cómo pero sé que tú harás una gran obra en esta ciudad'. El espíritu de la oración se había derramado con tal potencia, que algunas personas se apartaban de los servicios para orar, porque no podían poner freno a lo que sentían ante la predicación.

"Y aquí debo presentar a un hombre a quien tendré ocasión de mencionar con frecuencia, el Sr. Abel Clary. Era el hijo de un hombre muy excelente, uno de los ancianos en la iglesia donde yo me convertí. Él se convirtió en el mismo reavivamiento en que me convertí yo. Tenía licencia para predicar, pero era tal su espíritu de oración, era tal la carga por las almas de los hombres, que no podía predicar mucho, porque dedicaba todo su tiempo y esfuerzo a la oración. La carga de su alma era a veces tan grande que no podía estar de pie, y se retorcía y gemía en agonía.

"Yo lo conocía bien y sabía también del maravilloso espíritu de oración que estaba en él. Era un hombre muy callado, como lo son casi todos lo que tienen ese poderoso espíritu de oración. Me enteré de que estaba en Rochester por un caballero que vivía a casi un kilómetro y medio al este de la ciudad, que me vino a ver y me preguntó si conocía a un Abel Clary, ministro. Le dije que lo conocía bien. 'Bien', dijo ¡está en mi casa y ha estado allí ya desde hace un tiempo, pero no sé qué pensar de él'! Yo dije: 'No lo he visto en nuestras reuniones'. 'No', respondió, 'dice que no puede asistir a reuniones. Ora casi todo el tiempo, día y noche, en tal agonía mental que no sé qué hacer. A veces ni siquiera se sostiene sobre sus rodillas, y debe postrarse en el suelo, gimiendo y orando de un modo que me asombra'. Le dije al hermano: 'Lo entiendo: por favor no haga nada. Todo saldrá bien. Prevalecerá, seguramente'.

"En ese tiempo conocía a un considerable número de hombres que estaban pasando por lo mismo. Un diácono P..., de Camden, condado de Oneida; un diácono T..., de Rodman, condado de Jefferson; un diácono B..., de Adams en ese mismo condado, a este Sr. Clary y a muchos otros hombres y mujeres con el mismo espíritu, que pasaban gran parte de su tiempo en oración. El Padre Nash, como lo llamábamos, quien en varios de mis campos de obra me estuvo ayudando, era otro de los que tenía tan potente espíritu de prevaleciente oración.

"Este Sr. Clary siguió en Rochester mientras estuve allí, y no se fue hasta que yo me fui. Nunca, que yo supiera, apareció en público, sino que se dedicó enteramente a la oración. Creo que fue el segundo sábado que estuve en Auburn en esa época, en que observé en la congregación el solemne rostro de Clary. Se veía agotado por la agonía de la oración. Como lo conocía bien y conocía el gran don de Dios que estaba sobre él, el espíritu de la oración, me alegró mucho verlo allí. Estaba sentado junto a su hermano, el doctor, quien era también profesor de religión, pero que por experiencia no tenía, creo, nada del poder de Dios de su hermano Abel. En el intervalo, tan pronto bajé del púlpito, Clary y su hermano vinieron a saludarme en las escaleras del púlpito, y el doctor me invitó a su casa para pasar allí el intervalo y beber algo fresco. Lo hice.

"Al llegar a su casa nos llamaron a comer porque estaba servida la comida. Nos reunimos en torno a la mesa y el Dr. Clary se volvió a su hermano y dijo: 'Hermano Abel, ¿bendecirás los alimentos?'. Abel inclinó su cabeza y en voz alta comenzó a pedir bendición para los alimentos. Había pronunciado una o dos frases, cuando de repente calló, se apartó de la mesa y subió corriendo a su habitación. El doctor supuso que se había descompuesto, por lo que se levantó y fue tras él. Unos minutos después, bajo y dijo: 'Sr. Finney, Abel quiere verlo'. Dije '¿Qué mal le aqueja?'. Dijo 'No lo sé, pero él dice que usted sí sabe. Parece estar muy angustiado, pero creo que es por su estado mental'. Entendí enseguida y subí a su habitación.

"Estaba tendido en la cama, gimiendo, el Espíritu hacía intercesión por él y en él con gemidos indecibles. Apenas había entrado en la habitación cuando pudo pronunciar: 'Ore, hermano Finney'. Me arrodillé y lo ayudé en la oración, guiando su alma por la conversión de los pecadores. Seguí orando hasta que ya no estuvo más angustiado. Y luego volví a la mesa de la cena. Entendí que era la voz de Dios. Vi que el espíritu de la oración estaba en él y sentí su influencia sobre mí, y di por sentado que la obra avanzaría con todo poder. Así fue. El pastor me dijo luego que encontró que en las seis semanas que pasé allí, se habían convertido quinientas almas."

El Sr. Finney en sus discursos sobre reavivamiento habla de otros notables despertares en respuesta a las oraciones del pueblo de Dios. En una parte dice: "Un clérigo de W… me habló de un reavivamiento en su comunidad, que comenzó con el celo y devoción de una mujer en la iglesia. Estaba preocupada por los pecadores; y oró por ellos. Oraba y su

angustia crecía; finalmente fue a ver al ministro, habló con él y le pidió que llamara a una
reunión urgente porque sentía que era necesaria.

"El ministro no le hizo caso, porque no
sentía nada parecido. La semana siguiente la
mujer volvió y ora vez le rogó que llamara a
una reunión, porque sabía que alguien vendría, porque sentía como si Dios fuera a derra-
mar su Espíritu. Otra vez, el ministro la
desoyó. Finalmente la mujer le dijo: 'Si no
llama a una reunión urgente moriré, porque es
seguro que habrá un reavivamiento'.

"El sábado siguiente llamó a una reunión,
y dijo que si había alguien que quisiera conversar con él sobre la salvación de su alma, lo
vería en tal reunión. No conocía que nadie
quisiera hablarle de este tema, pero cuando
fue al lugar, para sorpresa suya encontró gran
cantidad de ansiosos asistentes".

En otro lugar dice: "El primer rayo de luz
que irrumpió en la medianoche que reposaba
sobre las iglesias del condado de Oneida en el
otoño de 1825, fue a partir de una mujer de
salud débil que, creo, jamás había estado en
un poderoso reavivamiento. Su alma sentía
angustia por los pecadores. Sentía agonía por

el lugar. No sabía qué le sucedía, pero siguió orando más y más, hasta que parecía que su agonía le destruiría el cuerpo. Finalmente se llenó de gozo y exclamó: '¡Ha venido Dios! ¡Ha venido Dios!' No hay duda, la obra ha comenzado y está por toda la región'. Y la obra se inició y su familia casi toda se convirtió, y la obra se esparció por toda la región en ese condado".

El mayor reavivamiento de 1857 en los EE.UU. comenzó con oración y continuó en oración, más que ninguna otra cosa. El Dr. Cuyler, en un artículo de un periódico religioso hace unos años dijo: "La mayoría de los reavivamientos tienen inicios humildes, y el fuego se inicia en pocos corazones, calientes. Jamás desprecien lo pequeño. Durante mi largo ministerio casi toda obra de gracia tuvo comienzos similares. Una comenzó en una reunión que se realizó casi sin aviso en una casa. Otra, en un grupo reunido para el estudio bíblico del Sr. Moody en nuestra capilla de misión. Y otra —la más potente de todas— empezó una fría noche de enero en una reunión de jóvenes cristianos, bajo mi techo.

"El Dr. Spencer, en su '*Pastor's Sketches*' [Bosquejos de pastor] —el libro más sugestivo de su tipo que haya leído yo jamás– nos dice que un notable reavivamiento en su iglesia se inició a partir de las fervientes oraciones de un anciano confinado a su habitación a causa de la renguera. Este profundo cristiano, el Dr. Thomas H. Skinner, del Seminario de la Unión Teológica, me contó una vez sobre una reunión de tres hombres sinceros en su estudio, cuando era pastor de la Iglesia de la Calle del Arco en Filadelfia. Literalmente, lucharon en oración. Confesaron abiertamente su pecado y se humillaron ante Dios. Hubo algunos oficiales de ciertas iglesias que se unieron a ellos.

"La llama encendida desde el cielo pronto se esparció en toda la congregación, en uno de los reavivamientos más potentes que hubiera habido en esa ciudad".

En la primera parte del siglo XVII hubo un gran despertar religioso en Ulster, Irlanda. Las tierras de los jefes rebeldes que habían sido entregadas a la corona británica estaban pobladas por colonos, que en su mayor parte se regían por un espíritu de aventura y salvajismo.

Era raro encontrar verdadera piedad. Siete ministros, cinco de Escocia y dos de

Inglaterra, se establecieron allí, los primeros a partir de 1613. De uno de esos ministros, llamado Blair, un contemporáneo registra: "Pasaba muchos días y noches en oración, en soledad o con otros, y tenía gran intimidad con Dios".

El Sr. James Glendenning, un hombre de magros talentos naturales, pensaba parecido con respecto a la oración. La obra se inició bajo este hombre, Glendenning. El historiador del momento dice: "Era un hombre que jamás habría sido elegido por una asamblea de sabios ministros, y tampoco habría sido enviado para iniciar una reforma en este país. Aún así el Señor decidió empezar con él la admirable obra de Dios que menciono para que todos vean que la gloria es únicamente del Señor, en la hechura de una nación santa a partir de una tierra profana, y que *no es por fuerza, ni por poder, ni por sabiduría del hombre, sino por mi Espíritu, dice el Señor*".

En su predicación ante multitudes en Oldstone, la gente sentía gran ansiedad y terror de conciencia. Se veían perdidos, destinados a condena, y clamaban: "Hombres y hermanos ¿qué haremos para ser salvos?" El poder de su Palabra los golpeó hasta desmayarlos. Un día, doce de ellos debieron ser llevados afuera porque estaban como muertos. No eran mujeres, sino algunos de los más valientes de la región: "Algunos que anteriormente no tenían resguardo alguno en amedrentar a un mercado entero con sus espadas. En cuanto a uno de ellos, un hombre entonces fuerte así como después se convirtió en fuerte cristiano, su fin al venir a la iglesia había sido el de consultar con sus compañeros cómo hacer alguna maldad".

Esta obra se esparció en todo el país. Para el año 1626 se realizaba un concierto mensual de oración en Antrim. La obra traspasó los límites de Down y Antrim, hacia las iglesias de los condados vecinos. Tan grande llegó a ser el interés religioso, que los cristianos viajaban cuarenta o cincuenta kilómetros para llegar a las comuniones y pasaban todo el tiempo que permanecían allí, sin cansarse ni dormir. Muchos no comían ni bebía, y aún así algunos profesaban que "salían más frescos y vigorosos, con el alma llena del sentido de Dios". Este reavivamiento cambió el carácter entero de Irlanda del norte.

Otro gran reavivamiento en Irlanda en 1859 tuvo orígenes similares. Muchos que no sabían qué pasaba, creían que la obra maravillosa había llegado sin preparación ni aviso alguno, pero el Rev. William Gibson, moderador de la Asamblea General de la Iglesia Presbiteriana de Irlanda en 1860, relata en su interesante y valiosa historia que había habido preparativos a lo largo de dos años, ya que la Asamblea General había debatido sobre el lamentable estado de la religión, y la necesidad de un reavivamiento. Había habido sesiones especiales de oración.

Finalmente, cuatro jóvenes que luego lideraron el origen de la gran obra, se reunieron en una vieja escuela cerca de Kells. En la primavera de 1858 comenzó a manifestarse una obra de poder, que pasó de pueblo a pueblo, de condado en condado. Las congregaciones ya no cabían en los edificios, y las reuniones debían realizarse al aire libre, con la asistencia de miles de personas. Cientos de personas frecuentemente se convencían de su pecado en cada reunión.

En algunos lugares hubo que cerrar las cortes y cárceles, porque ya no había quién las ocupara. Hubo manifestaciones del poder del Espíritu Santo, de manera notable, que probaron con claridad que el Espíritu Santo está tan dispuesto a obrar hoy como en los días de los apóstoles, si los ministros y los cristianos realmente creen en Él y comienzan a preparar el camino por medio de la oración.

La maravillosa obra del Sr. Moody en Inglaterra, Escocia e Irlanda, que luego se extendió a Norteamérica, tuvo origen en el lado humano de la oración. El Sr. Moody no había llegado a dejar gran impresión hasta tanto los hombres y las mujeres comenzaron a clamar a Dios. Su ida a Inglaterra fue en respuesta al importuno clamor a Dios de parte de un santo postrado en la cama.

Mientras el espíritu de la oración continuaba, el reavivamiento crecía en fuerza, pero con el tiempo cada vez hubo menos oración y la obra decayó de manera observable en su poder. Sin duda, uno de los grandes secretos de los insatisfactorios, superficiales e irreales que son nuestros así llamados reavivamientos modernos, es que se depende más de la maquinaria humana que del poder de Dios, que no se busca ni obtiene por medio de la oración en fe, sincera y persistente.

Vivimos en una época caracterizada por la multiplicación de la maquinaria del hombre y la minimización del poder de Dios. El clamor de nuestros días es trabajo, trabajo, trabajo, nuevas organizaciones, nuevos métodos, nueva maquinaria; la gran necesidad de hoy es la oración. Fue un golpe maestro del diablo cuando la iglesia dejó de lado tan integralmente esta poderosa arma que es la oración.

El diablo quiere que la iglesia multiplique sus organizaciones y que ingenie maquinaria para la conquista del mundo de Cristo, si tan solo abandona la oración. Ríe al ver a la iglesia de hoy y dice para sí: "Sí, abran Escuelas Dominicales y Sociedades de Jóvenes, Asociaciones de Jóvenes Cristianos, Asociaciones de Templanza Cristiana para mujeres, Iglesias, Escuelas Industriales, Brigadas de Jóvenes, coros y bellos órganos, brillantes predicadores, y hasta esfuerzos de reavivamiento, si no ponen en ellos el poder de Dios todopoderoso, por medio de la oración potente, sincera, persistente y en fe".

La oración podría obrar resultados igualmente maravillosos en nuestros días también, si tan solo la iglesia se comprometiera con ella.

Parece que hay señales crecientes de que la Iglesia está tomando conciencia de esto. Aquí y allá Dios pone sobre personas, ministros o iglesias en particular, una carga de oración hasta ahora desconocida para ellos. Los ministros claman a Dios por poder día y noche. Las iglesias o partes de ellas, se reúnen por las mañanas o de noche, clamando a Dios por la lluvia de los últimos tiempos. Hay indicaciones de la venida de un reavivamiento poderoso y extenso.

Y tenemos motivos para pensar que si llegara a haber un reavivamiento hoy en un país, se extendería más que en cualquier otro momento de la historia. Las comunicaciones son más rápidas, los viajes también. El fuego de Dios encendido en Norteamérica se extendería rápidamente a los rincones más lejanos de la Tierra. Lo único que hace falta traer es este fuego de la oración.

No es necesario que la Iglesia entera comience a orar al principio. Los grandes reavivamientos siempre comenzaron primero en los corazones de unos pocos hombres y mujeres a quienes Dios despierta mediante su Espíritu, para que crean en Él como Dios viviente, un Dios que responde a las oraciones, un Dios en cuyo corazón hay una carga de la que no hay descanso, a excepción del clamor importuno a Dios.

Que Dios use este libro para despertar a muchos otros para que oren por el tan necesario reavivamiento, y que venga rápidamente. Oremos.

Palabras de cierre de un obrero personal: Por favor recuerden que este libro se publicó en 1900. Y hasta los que cuestionarían la mención de pecados escandalosos de parte del Dr. Torrey, se beneficiarán de sus enseñanzas sobre la oración. Aún sin condenar a las artes o los medios de comunicación como tales, sino si reevaluáramos el contenido de nuestros entretenimientos y diversiones, quizá nos encontráramos ante la posibilidad de librarnos de cosas de pecado, yendo más allá de las cosas que nos apartan de Dios para tener lo mejor de Dios, es decir, comunión íntima con Él.

Que Dios me dé, a mí y muchos de su pueblo, el verdadero espíritu de la oración que prevalece a través de este ministerio de su siervo, el Dr. Torrey, hasta que regrese el Señor Jesucristo. Y que la edición electrónica de este libro encuentre su camino hacia todos los planetas y estrellas tocados por los hijos de Adán y Eva.

Tipiado en medio electrónico por

Clyde Price, maestro de enseñanza bíblica

P. O. Box 667, Red Oak, GA 30272-0667 EE.UU.

CIS#76616-3452

Teléfono (404)761-2327

Esperamos que este libro
haya sido de su agrado.
Para información o comentarios,
escríbanos a la dirección
que aparece debajo.

Muchas gracias.

PENIEL
info@peniel.com
www.peniel.com